Orbis

Elisabeth Fischer

Vegetarische *Spezialitäten*

aus aller Welt

Orbis Verlag

BILDNACHWEIS

V. Barion: 72
Bilderberg/Francke: 136
IFA Bilderteam/Selma: 56
R. Moczynski: 104
Mosaik Verlag/Feierabend: 61, 65, 70, 79, 102; -/Kerth: 11, 15, 22, 27, 31, 38, 43, 49, 54, 83, 86, 91, 99, 111, 115, 117, 123, 127, 134, 143, 147, 151, 154, 159, 163, 167, 172
Pictor International: 8
Silvestris/Craddock: 40
T. Stone/Busselle: 24; -/Sitton: 120
ZEFA/Bauer: 156; -/Haenel: 88

Vignetten: B. Schieren

Genehmigte Sonderausgabe 2000
Orbis Verlag für Publizistik
in der Verlagsgruppe Bertelsmann GmbH, München

Druck und Bindung: Graspo, Zlín,
Printed in the Czech Republic

ISBN 3-572-01170-1

Inhalt

Vorwort 6

Italien 8

Frankreich 24

Spanien 40

USA 56

Mexiko 72

Karibik 88

China 104

Thailand 120

Türkei & arabische Länder 136

Indien 156

Rezeptregister 174

Vorwort

Wer auf der Suche ist nach neuen kulinarischen Erlebnissen, kann sich mit diesem Buch auf eine genußvolle Reise rund um die Erde begeben. Begleiten wird ihn auf diesem Ausflug zu den vegetarischen Leckerbissen das angenehm beruhigende Gefühl, daß bei allem Wohlgeschmack das Wohlbefinden nicht zu kurz kommt. Ganz im Gegenteil: Diese natürlichen Gaumenfreuden fördern die Gesundheit. Und wem angesichts der nimmer-endenden Fleischskandale endgültig der Appetit auf dieses tierische Lebensmittel vergangen ist, wird erleichtert feststellen, daß es in aller Herren- und Damenländer eine Vielzahl von höchst essenswerten vegetarischen Köstlichkeiten gibt und es sich ohne Fleisch auf das Vorzüglichste schlemmen läßt.

In Europa am Mittelmeer von Spanien bis Italien wird die klassische Urlaubsküche serviert. Paradiesische Zustände herrschen für Suppen-Liebhaber an südlichen Stränden. Bei Tomatensuppe mit Basilikum-Creme, herzhaftem spanischem Kichererbsentopf oder Pariser Zwiebelsuppe wirft niemand den Löffel weg. Bei den Salaten fällt die Wahl schwer: provenzalisch üppig, Salat „Niçoise" oder italienisch, mit gegrillten Paprika, Tomatenvinaigrette und Mozzarella. Pastetchen gibt es nicht nur für Gott in Frankreich. Safrangelbe Reiskörner purzeln aus der Paellapfanne, und die Lasagne erinnert an venezianische Nächte, vor allem, wenn der Wein stimmt.

Die Vereinigten Staaten sind, auch was das Kochen betrifft, das Land der unbegrenzten Möglichkeiten, kühn und phantasievoll werden verschiedene Kochkulturen verbunden. So standen für „Joe's Favorit Spaghetti", diesem blitzartig zubereiteten Minutengericht Mexiko, Griechenland und Italien Pate. Und bei den Erdbeeren in Orangengelee hatte eine chinesische Tante die Hand im Spiel und streute Agar-Agar in den Topf.

Endlich ist bekannt, wo der Pfeffer wächst – auf palmen-gesäumten Karibik-Inseln. Nach einem original westindischen Pfeffertopf mit Mais-Käseklößchen entspannt man sich in der Hängematte, nippt am fruchtig-kühlen Rum-Cocktail und nascht ab und zu von einer sahnigen Mango-Creme.

Im temperamentvollen Mexiko dreht sich dann alles um die Tortilla und ihre ständige Begleiterin, die feurige Salsa picante. Olé oder Caramba, Hauptsache die Chilis stimmen!

Mit leichter Hand schnell gekocht wird in China und Thailand. Aus dem Wok, dieser genialsten Erfindung seit es Kochtöpfe gibt, kommt eine unendliche Vielfalt an knackig frischen Gemüsegerichten. Aber auch rasch gebratene Nudeln mit Pilzen, Sprossen und Spinat, raffiniert gewürzt mit Sojasauce, Sesamöl, Ingwer und frischem Koriander werden im Wok „unter Rühren gebraten". Eine weitere, typisch fernöstliche Kochmethode ist das Garen mit einem Siebeinsatz über Wasserdampf. Strahlend grün sind die Wirsing-Päckchen mit zitronenwürziger Tofu-Füllung. Denn fettfrei gedämpft, bewahren empfindliche Gemüse ihr zartes, unverkennbares Aroma und die frischen Farben.

Auf dieser Entdeckungsreise für Feinschmecker wird auch das Geheimnis der orientalischen Kochkunst gelüftet. Die Lösung ist verblüffend einfach und liegt in einem gut gefüllten Gewürzregal. Ob arabische Tafel, auf der sich die Teller türmen, oder indisches Festmahl: Auf die richtige Gewürzmischung kommt es an! Tabbouleh, der beliebte arabische Salat verdankt sein frisches Aroma prickelnder Minze. Cumin, Koriander, Curcuma, Piment, Muskat und Chili geben einem Gemüse-Curry in Mandelsauce den richtigen Pfiff, und Kardamom in inniger Verbindung mit Zimt und Zitronenschale macht aus der schnellsten Aprikosen-Creme ein anspruchsvolles Dessert.

Viel Spaß auf dieser Reise zu den gesunden Genüssen, angenehme Gesellschaft und guten Appetit wünscht Ihnen

Elisabeth Fischer

Italien

Im fernen Altertum war Getreide das Nahrungsmittel Nummer eins in Italien. Aber von der Gerstenspeise, die römische Legionäre auf ihren Feldzügen bei Kräften hielt, bis zu den zarten Weizennudeln, von welchen sich die kulinarische Welt mit wachsender Begeisterung erobern ließ, war es ein langer Weg.

Pasta immer wieder und immer lieber – damit diese grenzüberschreitende Leibspeise nie langweilig wird, gibt es in Italien ständig neue Variationen zu entdecken: pikant und deftig – die Spaghetti mit goldbraun gebratenen Zwiebeln, Pfefferoni und Paprika; sommerlich frisch – Penne mit Tomaten, Mozzarella, Oliven und Kapern. Und als Höhepunkt des Pasta-Vergnügens lockt eine üppige Lasagne. Zwar darf es zwischendurch für den Italo-Feinschmecker aus dieser einfallsreichen südlichen Getreideküche auch knusprige Pizza oder saftiges Risotto sein, aber dann sind gleich wieder die Nudeln dran, mit Steinpilzen und…

Salat von gegrillten Paprika, Tomaten und Mozzarella

Für 4 Personen (Foto rechts)

Paprikaschoten, im Ofen gebacken und abgezogen, geben diesem farbenfrohen Salat den besonderen Pfiff.

Die ganzen Paprika im vorgeheizten Ofen bei mittlerer Hitze etwa 20 Minuten auf dem Rost backen, bis die Haut Blasen wirft und sich stellenweise dunkelbraun verfärbt. Stiele und Kerne entfernen, die Haut abziehen, Paprika in dünne Streifen schneiden.

Tomaten mit Olivenöl, Essig, Knoblauch und Basilikum vermischen, mit Salz und Pfeffer abschmecken. Auf einer Platte die Paprikastreifen und Mozzarella kreisförmig anrichten, Tomatensalat in die Mitte geben, mit Basilikumblättchen garnieren.

Zutaten

- 4 gelbe Paprikaschoten
- 4 mittelgroße Tomaten, kleine Würfel
- 3 EL Olivenöl
- 1 EL Weinessig
- 2 Knoblauchzehen, fein gehackt
- 2 EL Basilikumblättchen, fein geschnitten
- Salz, Pfeffer
- 200 g Mozzarella, dünne Scheiben
- ein paar Basilikumblättchen

Auberginen-Zucchini-Salat mit Kapernsauce

Für 4 Personen

Backblech mit 1 EL Olivenöl einstreichen. Auberginen- und Zucchinischeiben nebeneinander darauflegen, leicht salzen, mit 1 EL Olivenöl benetzen. Gemüse im vorgeheizten Ofen bei mittlerer Hitze 10 Minuten backen. Umdrehen, eventuell noch etwas Öl auf das Blech streichen. Weitere 10 Minuten backen.

Aus dem restlichen Olivenöl, Zitronensaft und Schale, Kapern, Knoblauch, Petersilie, Salz und Pfeffer eine Marinade anrühren. Das noch heiße Gemüse in eine flache Schüssel geben, schichtweise mit der Marinade bestreichen, im Kühlschrank 3 Stunden durchziehen lassen.

Zutaten

- 125 ml Olivenöl
- 300 g Auberginen, 1 cm dicke Scheiben
- 300 g Zucchini, 1 cm dicke Scheiben
- Salz
- Saft von 1/2 Zitrone
- etwas abgeriebene Schale von einer unbehandelten Zitrone
- 1 EL Kapern, gehackt
- 2 Knoblauchzehen, fein gehackt
- 1/2 Bund Petersilie, fein gehackt
- Pfeffer

Tomatensuppe mit Basilikumcreme

Für 4 Personen

Portionsweise wird diese Suppe serviert, garniert mit einem Klacks Basilikumcreme.

Für die Basilikumcreme Mascarpone mit Basilikum, Salz und Pfeffer glattrühren.
Für die Tomatensuppe Butter und Öl in einem Topf erhitzen, Zwiebeln und Knoblauch glasig dünsten, mit Mehl bestäuben, kurz unter Rühren anschwitzen.
Tomaten, Thymian, Oregano, Lorbeerblätter und Gemüsebrühwürfel dazugeben, zugedeckt 20 Minuten bei schwacher Hitze köcheln.
Die Suppe mit dem Mixstab pürieren, durch ein Sieb streichen. Suppe noch mal kurz erhitzen, mit Salz und Pfeffer abschmecken. Suppe portionsweise mit einem Klacks Basilikumcreme und Basilikumblättchen garniert servieren.

Zutaten

Basilikumcreme:
- 80 g Mascarpone
- 1 kleines Bund Basilikum, fein geschnitten
- Salz, Pfeffer

Tomatensuppe:
- 1 EL Butter, 1 EL Olivenöl
- 1 Zwiebel, fein gehackt
- 3 Knoblauchzehen, fein gehackt
- 1 EL Mehl
- 1,25 kg reife Tomaten, Stücke
- 1/2 TL Thymian
- 1/2 TL Oregano
- 2 Lorbeerblätter
- 2 Gemüsebrühwürfel
- Salz, Pfeffer
- einige Basilikumblättchen

Minestrone

Für 4 – 6 Personen

Die Gemüse kommen, ihrer Garzeit entsprechend, nacheinander in den Suppentopf. So behalten sie ihr feines Aroma und einen leichten Biß.

Bohnen abgießen, abtropfen lassen, mit 1,5 l Wasser zum Kochen bringen, zugedeckt in 1 Stunde weich kochen (im Schnellkochtopf etwa 25 Minuten).
In einem großen Topf Olivenöl erhitzen, Zwiebeln und Knoblauch darin glasig dünsten. Mit Bohnen und Kochflüssigkeit aufgießen. Mit Gemüsebrühwürfeln, Lorbeerblättern, Thymian, Oregano und Pfeffer würzen.
Suppe zum Kochen bringen. Kartoffeln, Karotten und Weißkraut dazugeben, die Suppe zugedeckt 10 Minuten köcheln. Stangensellerie und Lauch hinzufügen, 5 Minuten köcheln. Zucchini und Tomaten dazugeben, 5 Minuten köcheln. Die Gemüse sollen weich sein, aber noch einen leichten Biß haben. Nudeln unterrühren, kurz erhitzen. Basilikum in die Minestrone rühren. Parmesan dazu reichen.

Zutaten

- 100 g weiße Bohnen, 6 Stunden eingeweicht
- 3 EL Olivenöl
- 1 Zwiebel, fein gehackt
- 3 Knoblauchzehen, fein gehackt
- 2–3 Gemüsebrühwürfel
- 2 Lorbeerblätter, 1/2 TL Thymian, 1/2 TL Oregano, Pfeffer
- 100 g Kartoffeln, kleine Würfel
- 100 g Karotten, kleine Würfel
- 100 g Weißkraut, feine Streifen
- 1 Stange Sellerie, dünne Scheiben
- 100 g Lauch, dünne Scheiben
- 100 g Zucchini, dicke Scheiben, 200 g Tomaten, abgezogen, Würfel
- 100 g gekochte Hörnchennudeln
- 3 EL Basilikum, fein gehackt
- 100 g Parmesan, gerieben

Tagliatelle mit Brokkoli und Gorgonzola

Für 4 Personen

Die Brokkoliröschen werden in einem Dämpfeinsatz über Wasserdampf gegart. Dadurch behalten sie ihre frische, grasgrüne Farbe und wichtige Vitamine bleiben erhalten.

Tagliatelle in reichlich Salzwasser al dente kochen, abgießen, gut abtropfen lassen.
In der Kochzeit der Tagliatelle Brokkoli und Sauce zubereiten: Die Brokkoliröschen in einen Dämpfeinsatz geben und zugedeckt über Wasserdampf in 8 Minuten weich mit Biß garen.
Butter, Gorgonzola und Sahne in einen kleinen Topf geben, unter Rühren erhitzen, bis der Käse schmilzt. Sauce mit Pfeffer und Salz abschmecken.
Tagliatelle in einer vorgewärmten Schüssel mit der Gorgonzolasauce vermischen, Brokkoliröschen unterheben.

Zutaten

- 300 g Tagliatelle
- Salz
- 500 g Brokkoli, kleine Röschen
- 1 EL Butter
- 200 g Gorgonzola, kleine Stücke
- 250 ml Sahne
- Pfeffer

Penne all' abruzza

Penne bäuerliche Art

Für 4 Personen

Die Liebhaber herzhafter Nudelgerichte überzeugt die Sauce aus goldbraun gebratenen Zwiebeln, feurigem Chili, Paprika und Tomaten.

In einer großen Pfanne Olivenöl erhitzen, Zwiebeln bei mittlerer Hitze unter Rühren goldbraun braten. Knoblauch, Chili und Paprika dazugeben, leicht salzen, unter Rühren 3 Minuten braten. Tomaten in kleine Stücke schneiden. Tomaten in die Pfanne geben, alles gut vermischen, mit Thymian, Oregano und Salz würzen. Die Sauce 10 Minuten köcheln.
In dieser Zeit die Nudeln in reichlich Salzwasser al dente kochen, abgießen, abtropfen lassen. In einer vorgewärmten Schüssel die Nudeln mit der Hälfte vom Käse und der Sauce vermischen. Mit Salz abschmecken. Restlichen Käse zu den Nudeln reichen.

Zutaten

- 3 EL Olivenöl
- 2 Zwiebeln, feine Ringe
- 2 Knoblauchzehen, fein gehackt
- 1 Chilischote, fein gehackt
- 2 rote Paprika, feine Streifen
- Salz
- 700 g Tomaten, abgezogen
- 1/2 TL Thymian
- 1/2 TL Oregano
- 300 g Penne
- 100 g Parmesan, gerieben

Spaghetti mit Spinat und Pilzen

Für 4 Personen (Foto rechts)

Butter in einer großen Pfanne schmelzen, Zwiebeln in 5 Minuten unter Rühren goldgelb braten. Champignons hinzufügen, leicht salzen, unter Rühren 4 Minuten anbraten. Mit Sahne aufgießen, mit Oregano, Basilikum, Muskat, Pfeffer und Salz würzen. Die Sahnesauce etwas einkochen lassen.
Nudeln in reichlich Salzwasser al dente kochen, abgießen, abtropfen lassen. Spinat mit etwas Salz in einen Topf geben. Zugedeckt bei mittlerer Hitze in ein paar Minuten zusammenfallen und in einem Sieb abtropfen lassen. Spinat in mundgerechte Stücke schneiden.
In einer vorgewärmten Schüssel die Nudeln mit der Pilzsauce, dem Spinat und der Hälfte vom Käse vermischen, mit frisch gemahlenem Pfeffer würzen. Den restlichen Parmesan zu den Spaghetti reichen.

Zutaten

- 2 EL Butter
- 1 Zwiebel, fein gehackt
- 500 g Champignons, Scheiben
- Salz
- 150 ml Sahne
- 1/2 TL Oregano
- 1/2 TL Basilikum
- 1 Prise Muskat
- 300 g Spaghetti
- 300 g Spinat
- 100 g Parmesan oder Pecorino, gerieben
- Pfeffer

Penne veloci

Schnelle Penne

Für 4 Personen

Tomaten, Mozzarella, Oliven, Kapern und Basilikum wirken mit bei diesem Nudelgericht, das ganz schnell zubereitet ist.

2 EL Olivenöl erhitzen, Knoblauch kurz anbraten, Tomaten und Oregano dazugeben, mit Salz und Pfeffer würzen, bei starker Hitze zu einer dicken Sauce einkochen.
Nudeln mit reichlich Salzwasser al dente kochen, abgießen, abtropfen lassen. In einer vorgewärmten Schüssel die Nudeln zuerst mit dem restlichen Olivenöl, dann mit Mozzarella, Kapern, Oliven und Basilikum vermischen, mit Pfeffer und Salz abschmecken. Zuletzt die heiße Tomatensauce über die Nudeln gießen.

Zutaten

- 4 EL Olivenöl
- 2 Knoblauchzehen, fein gehackt
- 700 g reife Tomaten, abgezogen, Stücke
- 1/2 TL Oregano
- Salz, Pfeffer
- 300 g Penne
- 200 g Mozzarella, kleine Stücke
- 1 EL Kapern
- 12 schwarze Oliven, entsteint, Hälften
- 1 kleines Bund Basilikum, fein geschnitten

Maccaroni mit Pilz-Tomaten-Sugo

Für 4 Personen

Steinpilze sind eine begehrte Köstlichkeit in Italien. Getrocknete Steinpilze von Spitzenqualität, die im ganzen Land angeboten werden, verfeinern Suppen und Saucen.

Steinpilze in warmem Wasser 1 Stunde einweichen, leicht ausdrücken, fein hacken. Olivenöl in einer Pfanne erhitzen. Zwiebeln und Knoblauch 5 Minuten unter Rühren anbraten. Petersilie und Pilze dazugeben, leicht salzen, 3 Minuten unter Rühren anbraten. Tomaten hinzufügen, mit Salz und Lorbeerblatt würzen, zugedeckt 20 Minuten köcheln, es soll eine dicke Sauce entstehen.
Maccaroni in reichlich Salzwasser al dente kochen, abgießen, abtropfen lassen. In einer vorgewärmten Schüssel die Nudeln mit Butterflöckchen, der Hälfte vom Käse, Pfeffer und der Pilzsauce vermischen. Restlichen Käse zu den Nudeln reichen.

Zutaten

- 30 g getrocknete Steinpilze
- 2 EL Olivenöl
- 1 kleine Zwiebel, fein gehackt
- 2 Knoblauchzehen, fein gehackt
- 2 EL Petersilie, fein gehackt
- 300 g Champignons, feine Scheiben
- Salz
- 500 g Tomaten, abgezogen, Stücke
- 1 Lorbeerblatt
- 300 g Maccaroni
- 30 g Butter
- 80 g Parmesan, gerieben
- Pfeffer

Lauch in Gorgonzolacreme

Für 4 Personen

Zu Pasta oder Polenta reichen.

Butter in einem großen flachen Topf schmelzen. Lauch dazugeben, leicht salzen, zugedeckt 7 Minuten bei schwacher Hitze im eigenen Saft dünsten. Mit Sahne aufgießen, im geschlossenen Topf 7 Minuten köcheln, Gorgonzola vorsichtig unterrühren, zugedeckt noch 5 Minuten dünsten, ab und zu umrühren, mit Salz abschmecken.
Lauch auf einer Platte anrichten, mit frisch gemahlenem Pfeffer bestreuen.

Zutaten

- 1 EL Butter
- 800 g Lauch, längs halbiert, 5 cm lange Stücke
- Salz
- 150 ml Sahne
- 200 g Gorgonzola, kleine Stücke
- schwarzer Pfeffer

Lasagne a la verdura

Gemüselasagne

Für 4 – 6 Personen

Lasagne mit Auberginen und Pilzen, saftigem Tomaten-Paprika-Sugo und cremiger Béchamel-Sauce. Mit diesem Meisterstück aus dem Backofen sichern Sie sich die Zuneigung Ihrer Gäste.

Für das Tomaten-Paprika-Sugo Öl erhitzen, Zwiebel und Knoblauch unter Rühren kurz anbraten, Karotte und Sellerie dazugeben, unter Rühren kurz anbraten. Paprikawürfel hinzufügen, leicht salzen, unter Rühren 4 Minuten braten. Tomaten, Thymian und Oregano hinzufügen, in 15 Minuten zu einer dicken Sauce einkochen, ab und zu umrühren.
Für die Béchamel-Sauce Butter in einem kleinen Topf schmelzen, Mehl untermischen, unter Rühren erhitzen, bis sich die Mehlschwitze zart verfärbt und ein angenehmer Duft aufsteigt. Mit heißer Milch aufgießen, die Sauce mit dem Schneebesen glattrühren, mit Muskat, Salz und Pfeffer würzen, unter Rühren 3 Minuten köcheln, vom Herd nehmen.
Für die Lasagne in einer Pfanne Öl erhitzen, Auberginenscheiben leicht salzen und nacheinander weich braten.
1 EL Butter erhitzen, Zwiebeln glasig dünsten, Petersilie und Pilze dazugeben, leicht salzen, unter Rühren 3 Minuten braten. Eine große Auflaufform mit 1 EL Butter ausstreichen. Etwas Béchamelsauce auf den Boden streichen. Eine Schicht Lasagneblätter darauf legen. Pilze darauf verteilen, mit Béchamelsauce bestreichen, Käse darüberstreuen, mit einer Schicht Lasagneblätter bedecken. Darauf Auberginenscheiben verteilen, mit Tomatensugo bestreichen, mit Käse bestreuen. Die letzte Schicht bilden Pilze und Auberginen, Tomatensugo und Käse. Mit Lasagneblättern abdecken, mit der restlichen Béchamelsauce bestreichen, Käse und Butterflöckchen darüberstreuen. Die Lasagne im vorgeheizten Ofen ca. 30 Minuten bei mittlerer Hitze backen.

Zutaten

Tomaten-Paprika-Sugo:
- 2 EL Olivenöl
- 1/2 Zwiebel, fein gehackt
- 3 Knoblauchzehen, fein gehackt
- 1 kleine Karotte, kleine Würfel
- 1 Stange Sellerie, feine Scheiben
- 1 rote Paprika, sehr kleine Würfel
- Salz
- 400 g geschälte Tomaten aus der Dose, Stücke
- 1/2 TL Thymian
- 1/2 TL Oregano

Béchamel-Sauce:
- 50 g Butter, 50 g Mehl
- 750 ml heiße Milch
- 1 Prise Muskat
- Salz, Pfeffer

Lasagne:
- 6 EL Olivenöl
- 600 g Auberginen, 1 cm dicke Scheiben
- Salz, 3 EL Butter
- 1 kleine Zwiebel, fein gehackt
- 2 EL Petersilie, fein gehackt
- 300 g Champignons, dünne Scheiben
- Pfeffer
- 200 g Lasagneblätter (nicht gekocht)
- 200 g Parmesan, gerieben

Polenta mit Käse überbacken

Für 4 Personen

Nudeln, Risotto oder Polenta – Weizen, Reis oder Mais, das Herzstück eines italienischen Menüs bildet immer ein Getreidegericht.

Salzwasser in einem großen Topf zum Kochen bringen. Polenta unter Rühren einrieseln lassen und zum Kochen bringen. Ca. 45 Minuten im geöffneten Topf leicht köcheln, dabei häufig umrühren. Polenta auf ein Brett gießen, abkühlen lassen. Eine große, flache Auflaufform mit etwas Butter einfetten. Polenta in 1,5 cm dünne Scheiben schneiden. Polentascheiben nebeneinander in die Form legen, Gorgonzola, Parmesan und Butterflöckchen auf der Polenta verteilen. Polenta im vorgeheizten Ofen bei mittlerer Hitze 15 Minuten überbacken. Zur überbackenen Polenta die Tomatensauce mit Kräutern (S. 19) reichen.

Zutaten

- 1,5 l Wasser
- 1 1/2 TL Salz
- 300 g Polenta (Maisgrieß)
- 2 EL Butter
- 200 g Gorgonzola, Stücke
- 40 g Parmesan, gerieben

Gratinierter grüner Spargel

Für 4 Personen

Grüner Spargel hat einen kräftigen Geschmack, der sich gut mit Käse verträgt.

Spargelenden etwas abschneiden. Spargel in reichlich Salzwasser in ca. 10 Minuten al dente kochen. Der Spargel soll noch einen guten Biß haben. Spargel aus dem Topf nehmen, abtropfen lassen. Eine große, flache Auflaufform mit 1/2 EL Butter austreichen. Spargel in die Form legen.
100 g Parmesan, Emmentaler, Sahne, Brot und Ei verrühren, mit Muskat, Zitronenschale, Salz und Pfeffer kräftig würzen. Die Masse auf die Spargel streichen. Spargelspitzen frei lassen. Restlichen Parmesan und Butter auf dem Spargel verteilen. Spargel im vorgeheizten Ofen bei mittlerer Hitze 15–20 Minuten goldgelb überbacken.

Zutaten

- 1,5 kg grüner Spargel
- Salz
- 2 EL Butter
- 150 g Parmesan, gerieben
- 60 g Emmentaler, gerieben
- 100 ml Sahne
- 1 Scheibe Vollkorntoast, in Bröseln
- 1 Ei
- 1 Prise Muskat
- etwas abgeriebene Schale von 1 unbehandelten Zitrone
- Salz, Pfeffer

Tomatensauce mit Kräutern

Für 4 Personen

Unkompliziert und immer gut: die Grundsauce zu Pasta, Polenta und Gnocchi. Sie kann auch mit kurz gebratenen Zucchini, Paprika, Fenchel oder Pilzen verfeinert werden.

Olivenöl in einem flachen Topf erhitzen. Zwiebel und Knoblauch darin unter Rühren goldgelb braten. Tomaten, Lorbeerblatt und Thymian hinzufügen, mit Salz und Pfeffer würzen. Die Tomaten in 15 Minuten zu einer dicken Sauce einkochen, durch ein Sieb streichen, nochmals kurz erhitzen, vom Herd nehmen. Die frischen Kräuter unter die Sauce mischen.

Zutaten

- 3 EL Olivenöl
- 1 Zwiebel, fein gehackt
- 4 Knoblauchzehen, fein gehackt
- 750 g reife Tomaten, Stücke
- 1 Lorbeerblatt
- 1/2 TL Thymian, fein gehackt
- Salz, Pfeffer
- 3 EL Basilikum, fein gehackt
- 2 TL Oregano, fein gehackt

Gnocchi

Ricottaklösschen

Für 4 Personen

Statt Ricotta kann man auch Quark für die Gnocchi verwenden.

Ricotta, Mehl, Salz, Muskat, Pfeffer und 80 g Parmesan mit dem Handrührgerät zu einer glatten Masse vermischen. Eier verquirlen, nach und nach in die Ricottamasse rühren. Es soll ein glatter, fester Teig entstehen. Teig 30 Minuten im Kühlschrank ruhen lassen.

Aus dem Teig eine Rolle mit ca. 2,5 cm Durchmesser formen. 1 cm dicke Scheiben abschneiden. Damit die typische Gnocchiform entsteht, jede Scheibe mit dem Daumen leicht eindellen. Gnocchi in reichlich kochendes Salzwasser geben, ca. 3 Minuten ziehen lassen, wenn die Gnocchi aufsteigen, sofort mit dem Schaumlöffel aus dem Topf heben, kurz abtropfen lassen.

Gnocchi auf einer Platte anrichten, mit Butterflöckchen, dem restlichen Parmesan und Kräutern bestreuen. Dazu schmeckt die Tomatensauce mit Kräutern (s.o.).

Zutaten

- 300 g Ricotta
- 100 g Weizenvollkornmehl, fein gemahlen
- Salz, 1 Prise Muskat, Pfeffer
- 150 g Parmesan, gerieben
- 3 Eier
- 2 EL Butter
- 1 EL Petersilie oder Basilikum, fein gehackt

Risotto mit Spargel und Pilzen

Für 4 Personen

Eine edle Gemüsemischung für das beliebte Reisgericht. Risotto wird, besonders in der Gegend um Venedig, oft anstelle von Pasta gereicht. Ganz wichtig: Das Risotto darf nicht zu trocken werden. Wenn Reis und Gemüse von etwas sämiger Sauce umgeben sind, ist es gerade richtig.

Steinpilze 30 Minuten in 200 ml warmem Wasser einweichen, abgießen, Einweichwasser auffangen, durch ein feines Sieb gießen. Steinpilze in kleine Stücke schneiden.
1 EL Butter und 1 EL Olivenöl in einem flachen Topf mit dickem Boden erhitzen, Zwiebel und Knoblauch 5 Minuten andünsten. Reis dazugeben, unter Rühren einige Minuten anbraten, bis alle Körner glänzend mit Fett überzogen sind. Mit 400 ml Gemüsebrühe aufgießen, Lorbeerblatt dazugeben, zugedeckt 30 Minuten bei schwacher Hitze köcheln.
Restliche Butter und Öl in einer großen Pfanne erhitzen. Petersilie, Champignons und Steinpilze unter Rühren anbraten, mit Salz und Pfeffer würzen, mit Pilzeinweichwasser aufgießen. Pilze, Spargel, Weißwein und die restliche Gemüsebrühe vorsichtig unter den Reis mischen. Das Risotto im offenen Topf noch ca. 20 Minuten köcheln, bis der Reis weich ist, aber noch einen leichten Biß hat, eventuell noch etwas Gemüsebrühe nachgießen.
Das fertige Risotto soll saftig und nicht zu trocken sein. Die Hälfte vom Käse unter das Risotto mischen. Den restlichen Käse getrennt dazu reichen.

Zutaten

- 30 g getrocknete Steinpilze
- 3 EL Butter, 2 EL Olivenöl
- 1 Zwiebel, fein gehackt
- 2 Knoblauchzehen, fein gehackt
- 200 g Naturreis (Rundkorn)
- 600 ml Gemüsebrühe
- 1 Lorbeerblatt
- 2 EL Petersilie, fein gehackt
- 200 g Champignons, dünne Scheiben
- Salz, Pfeffer
- 300 g grüner Spargel, 5 cm lange Stücke
- 50 ml trockener Weißwein
- 100 g Parmesan, gerieben

Pizza bonissima

Die beste Pizza!

Für 4 Personen

Nichts geht über die Pizza mit dreierlei Käse, Spinat, Paprika, Pilzen, Pfefferoni und Oliven aus dem eigenen Backofen. Der Teig hält sich 1 Tag gut verschlossen im Kühlschrank. (1 Stunde vor der Weiterverarbeitung herausnehmen.) Und auch die Tomatensauce kann auf Vorrat gekocht werden.

Für den Teig Mehl, Wasser, Hefe und Salz in die Knetschüssel der Küchenmaschine geben. In 5 Minuten einen geschmeidigen Teig kneten. (Oder Mehl, Hefe und Salz in eine Schüssel geben. Wasser langsam untermischen und in 10 Minuten von Hand einen Teig kneten.)
Teig zugedeckt an einem warmen Ort 1 1/2–2 Stunden gehen lassen, er soll auf sein doppeltes Volumen anwachsen.
Für die Tomatensauce Tomaten, Oregano und Salz in einen großen flachen Topf geben, in 10 Minuten zu einer dicken Sauce einkochen, ab und zu umrühren.
Ein großes viereckiges Backblech mit Öl bestreichen. Teig kurz durchkneten, auf einer bemehlten Fläche dünn ausrollen, auf das Blech legen. Den Teig mit Tomatensauce bestreichen. Zuerst die Mozzarellascheiben auf dem Pizzaboden verteilen, dann Paprika und Champignons. Spinat in mundgerechte Stücke schneiden und auf die Pizza geben. Pfefferoni und Knoblauch darüberstreuen. Zum Schluß die Pizza gleichmäßig mit Fontina und Oliven belegen. Provolone und Basilikum darüberstreuen, mit Olivenöl beträufeln.
Pizza im vorgeheizten Ofen bei starker Hitze 20 Minuten backen. Sofort servieren.

Zutaten

Teig (für ein großes Backblech):
- 300 g feines Weizenvollkornmehl
- 100–150 ml lauwarmes Wasser
- 1 Pck. Trockenhefe
- 1/2 TL Salz
- 1 EL Olivenöl für das Backblech

Tomatensauce:
- 800 g geschälte Tomaten aus der Dose, Stücke
- 1/2 TL Oregano
- 1/2 TL Salz

Belag:
- 200 g Mozzarella
- 1 gelbe Paprika, feine Ringe
- 100 g Champignons, dünne Scheiben
- 300 g tiefgekühlter Blattspinat, angetaut
- 3 Pfefferoni, feine Ringe
- 4 Knoblauchzehen, feine Scheiben
- 200 g Fontina, kleine Stücke
- 12 schwarze Oliven
- 100 g Provolone, gerieben
- 1 TL Basilikum
- 4 EL Olivenöl

Parmigiana di melanzane

Überbackene Auberginen

Für 4 Personen

Gebratene Auberginen mit Käse und Tomatensauce überbacken: Ein üppiges Leibgericht aus Neapel, das sich gut vorbereiten läßt. Wird warm und kalt gegessen.

Für die Sauce Öl erhitzen, Knoblauch kurz anbraten, Tomaten, Oregano, Thymian und Basilikum dazugeben. Die Tomaten zu einer dicken Sauce einkochen, mit Salz und Pfeffer abschmecken.

Für die Auberginen ein großes Backblech mit 1 EL Olivenöl bestreichen, Auberginenscheiben nebeneinander auf das Blech legen, leicht salzen, mit 1 EL Olivenöl beträufeln. Auberginen im vorgeheizten Ofen bei mittlerer Hitze 20 Minuten backen. Nach 10 Minuten einmal umdrehen, wenn notwendig das Blech mit mehr Öl bestreichen.

Eine flache Auflaufform mit 1 EL Olivenöl ausstreichen. Eine Schicht Auberginen in die Form geben, mit Parmesan bestreuen, mit Mozzarella belegen, mit etwas Tomatensauce bestreichen. In dieser Reihenfolge fortfahren. Auflauf mit etwas Olivenöl beträufeln, im vorgeheizten Ofen bei mittlerer Hitze 30 Minuten backen.

Zutaten

Sauce:

- 2 EL Olivenöl
- 4 Knoblauchzehen, fein gehackt
- 700 g Tomaten, abgezogen, Stücke
- 1/2 TL Oregano
- 1/2 TL Thymian
- 1/2 TL Basilikum
- Salz, Pfeffer

Auberginen:

- 4 EL Olivenöl
- 1 kg Auberginen, 1 cm dicke Längsscheiben
- Salz
- 150 g Parmesan, gerieben
- 200 g Mozzarella, Scheiben

Melonensalat mit Mascarpone-Orangen-Creme

Für 4 Personen (Foto links)

Mit cremig mildem Mascarpone sind in wenigen Augenblicken die leckersten Süßspeisen zubereitet.

Melonenkugeln mit Maraschino vermischen, kalt stellen.
Mit dem Handrührgerät Mascarpone, Orangen-, Zitronensaft und Honig glattrühren, mit Zitronenschale würzen.
Melonenkugeln portionsweise mit der Mascarponecreme begießen. Darauf achten, daß nicht alle Melonenkugeln mit der Sauce bedeckt sind. Das Dessert mit Beeren garnieren.

Zutaten

- 1 Netzmelone, Kugeln oder kleine Stücke (ca. 800 g)
- 4 EL Maraschino
- 200 g Mascarpone
- Saft von 2 Orangen
- 1 TL Zitronensaft
- 2 EL Honig
- etwas abgeriebene Schale von 1 unbehandelten Zitrone
- 100 g Beeren (Erd-, Himoder Brombeeren)

FRANKREICH

Die besten Zutaten perfekt zubereitet, so lautet das Rezept der Grande Cuisine, nach welchem selbst das einfachste Gericht zum Eßerlebnis wird. Denn das Geheimnis der französischen Küche ist weder in ausgefallenen, unerschwinglichen Zutaten noch in komplizierten Zubereitungen zu finden. Es sind auf den ersten Blick sehr simple, aber äußerst wirkungsvolle Grundsätze, die ihren Erfolg ausmachen.

Kochen beginnt mit dem Einkaufen: Nur aus erstklassigen Rohstoffen lassen sich erstklassige Speisen zubereiten. Auch die größte Kochkunst ist zum Scheitern verurteilt, muß sie sich mit faden Lebensmitteln begnügen, deren Aroma und Frische den Erfordernissen der Massenproduktion zum Opfer gefallen sind. Kochen erfordert Hingabe, Sorgfalt und das richtige Handwerkszeug. So überzeugt die Zwiebelsuppe nur, wenn die Zwiebeln gleichmäßig dünn geschnitten sind, und die Crêpes gelingen nur, wenn die Pfanne stimmt.

Salat „Avignon“

Für 4 Personen

Knackige Blattsalate, saftige Tomaten und milde Pinienkerne, zitronenwürzige Vinaigrette mit frischen Kräutern und knusprige Croûtons: dieser Salat ist ein leichter Auftakt für ein provenzalisches Menü.

Butter in einer kleinen Pfanne schmelzen, Brotwürfel unter Rühren darin knusprig braten, leicht salzen. Kopfsalat, Ruccola, Chicorée, Frühlingszwiebel, Tomaten, Pinienkerne in eine Schüssel geben oder portionsweise auf großen Tellern dekorativ anrichten.

Für die Zitronenvinaigrette den Essig, Zitronensaft und Schale, Öl, Salz und Pfeffer mit dem Schneebesen verrühren. Minze und Knoblauch untermischen. Salat mit der Marinade vermischen oder über die Einzelportionen gießen. Croûtons über den Salat streuen.

Zutaten

- 2 TL Butter
- 2 Scheiben Vollkorntoast, Würfel
- 1 kleiner Kopfsalat, mundgerechte Stücke
- 1 Handvoll Ruccola
- 1 Chicorée, ganze Blättchen
- 1 Frühlingszwiebel, feine Ringe, 2 Tomaten, Achtel
- 2 EL Pinienkerne

Zitronen-Vinaigrette:

- 2 EL Weißweinessig
- 1 EL Zitronensaft
- etwas abgeriebene Schale von 1 unbehandelten Zitrone
- 4 EL Olivenöl
- Salz, schwarzer Pfeffer
- 1 TL Minze, fein gehackt
- 1 Knoblauchzehe, fein gehackt

Blattsalat mit gratiniertem Ziegenkäse

Für 4 Personen (Foto rechts)

Für die Vinaigrette Olivenöl, Essig, Zitronensaft, Salz und Pfeffer mit dem Schneebesen verrühren. Kapern und Knoblauchzehen untermischen.

Blattsalate, Zwiebelringe und Oliven portionsweise auf großen Tellern anrichten. Käse auf einem Blech im Backofen bei starker Oberhitze 3 Minuten gratinieren, bis der Käse am Rand leicht schmilzt. Käse auf den Salat geben, die Vinaigrette darüber verteilen.

Zutaten

Knoblauch-Vinaigrette:

- 4 EL Olivenöl, 1 EL Essig
- 1 EL Zitronensaft, Salz, Pfeffer
- 1/2 EL Kapern, gehackt
- 2 Knoblauchzehen, fein gehackt

Salat:

- 1/2 Friséesalat, mundgerechte Stücke
- 1/2 Eichblattsalat, mundgerechte Stücke
- 1 kleiner Radicchio
- 1 rote Zwiebel, feine Ringe
- 15 schwarze Oliven
- 300 g Ziegencamembert, 1,5 cm dicke Scheiben

Grüner Spargel mit Tomaten-Basilikumsauce

Für 4 Personen

Grüner Spargel muß nicht geschält werden und ist darum ideal für die schnelle Vorspeisen-Küche. Sein etwas kräftigerer Geschmack verträgt sich gut mit reifen Tomaten und duftendem Basilikum.

Spargelenden etwas abschneiden. Spargel in reichlich Salzwasser in 12 Minuten al dente kochen, mit dem Schaumlöffel aus dem Topf heben, abtropfen lassen, auf einer großen Platte anrichten.

Tomaten und Basilikum in eine Schüssel geben, Olivenöl langsam unterrühren, mit Salz und Pfeffer abschmecken. Sauce in einem etwa 15 cm breiten Streifen über die Mitte der Spargelstangen gießen.

Zutaten

- 1 kg grüner Spargel, Salz

Tomaten-Basilikumsauce:

- 400 g Tomaten, sehr kleine Würfel
- 1 Bund Basilikum, fein gehackt
- 2 EL Olivenöl
- Salz, Pfeffer

Salat Niçoise

Nizzasalat

Für 4 Personen

Üppig: wird im Sommer als kaltes Hauptgericht gereicht. Dazu Baguette und einen trockenen Rotwein.

Kartoffeln in der Schale weich dämpfen, schälen, in dünne Scheiben schneiden. Kartoffeln mit Gemüsebrühe, Weißwein, Essig, Öl und Zwiebeln vermischen, mit Salz und Pfeffer abschmecken, etwas durchziehen lassen.

Auf einer großen Platte oder portionsweise Romanosalat, Kartoffelsalat, Sellerie, Tomaten, Eier, Käse und Oliven dekorativ anrichten.

Für die Vinaigrette Essig, Zitronensaft, Öl, Pfeffer und Salz mit dem Schneebesen verrühren. Cornichons und Kräuter untermischen, die Sauce über den Salat gießen.

Zutaten

- 500 g festkochende Kartoffeln
- 3 EL heiße Gemüsebrühe
- 2 EL trockener Weißwein
- 1 EL Essig
- 3 EL Olivenöl
- 1/2 rote Zwiebel, fein gehackt
- Pfeffer, Salz
- 1 kleiner Romanosalat, mundgerechte Stücke
- 2 Stangen Sellerie, feine Scheiben
- 4 Tomaten, Achtel
- 2 hartgekochte Eier, Viertel
- 100 g Gruyère oder Emmentaler, kleine Würfel
- 15 schwarze Oliven

Vinaigrette:

- 2 EL Weißweinessig
- 1/2–1 EL Zitronensaft
- 5 EL Olivenöl
- Pfeffer, Salz
- 1 EL Cornichons, gehackt
- 3 EL Basilikum, fein geschnitten

Roquefortbirne

Für 4 Personen

Noch eine schnell zubereitete Vorspeise: Saftige Birnenhälften werden mit Käsecreme gefüllt und mit glänzenden schwarzen Oliven dekoriert.

Roquefort und Mascarpone mit der Gabel zu einer glatten Creme rühren, mit Pfeffer würzen. Birnen schälen und halbieren, sofort mit Zitronensaft einreiben, Kernhaus entfernen. Die Birnenhälften mit der Käsecreme füllen, mit Oliven und Petersilie garnieren.

Zutaten

- 70 g Roquefort
- 70 g Mascarpone
- schwarzer Pfeffer
- 2 saftige, reife Birnen
- Saft von 1 Zitrone
- 4 schwarze Oliven
- einige Petersilienblättchen

Zwiebelsuppe

Für 4 – 6 Personen

Damit das milde, runde Zwiebelaroma richtig zur Geltung kommt, muß die Suppe einige Zeit vor sich hin köcheln. Dafür ist der Arbeits- und Materialaufwand für diesen beliebten Mitternachtsimbiß aber gering.

In einem Topf mit dickem Boden 2 EL Butter und das Öl schmelzen. Zwiebeln zugedeckt bei schwacher Hitze 20 Minuten darin andünsten. Zucker einrühren, Zwiebeln 30 Minuten bei schwacher Hitze goldbraun braten, öfters umrühren. Mit Mehl bestäuben, 3 Minuten unter Rühren anrösten. Die Zwiebeln mit Gemüsebrühe und Wein aufgießen, alles gut verrühren. Die Suppe zugedeckt 20 Minuten köcheln. Mit Sherry würzen, mit Pfeffer und Salz abschmecken.
Kochende Suppe in eine feuerfeste Suppenschüssel oder eine große Auflaufform gießen. Brotscheiben auf die Suppe legen, mit Käse und restlicher Butter in Flöckchen bestreuen. Die Suppe im vorgeheizten Ofen bei starker Hitze 7 Minuten überbacken. Oder die Suppe portionsweise in feuerfesten Suppentassen überbacken.

Zutaten

- 2 1/2 EL Butter
- 1 EL Öl
- 500 g Zwiebeln, feine Ringe
- 1 TL brauner Zucker
- 1 1/2 EL Mehl
- 1 l Gemüsebrühe
- 100 ml trockener Weißwein
- 3 EL Medium Dry Sherry
- Pfeffer, Salz
- 8 Scheiben Weizenvollkornbrot, getoastet
- 150 g Emmentaler, gerieben

Paprikacremesuppe

Für 4 Personen (Foto rechts)
Die kräftige orangene Farbe dieser Suppe weckt den Appetit.

In einem Topf mit dickem Boden die Butter schmelzen, Mehl hinzufügen, unter Rühren einige Minuten anrösten, bis ein angenehmer Duft aufsteigt. Tomatenmark unterrühren, kurz erhitzen. Heiße Gemüsebrühe mit dem Schneebesen einrühren. Die Suppe mit Muskat, Piment, Lorbeerblatt und Pfeffer würzen, zum Kochen bringen. Die Paprikaviertel dazugeben, zugedeckt 20 Minuten köcheln. Suppe mit Crème fraîche im Mixer oder dem Mixstab fein pürieren, durch ein Sieb streichen. Suppe nochmals kurz erhitzen, vom Herd nehmen, Basilikum unterrühren. Suppe mit Basilikumblättchen garniert servieren.

Zutaten

- 3 EL Butter
- 2 EL Mehl
- 2 EL Tomatenmark
- 800 ml Gemüsebrühe
- 1 Prise Muskat
- 1 Prise Piment
- 1 Lorbeerblatt
- schwarzer Pfeffer
- 3 rote Paprikaschoten, Viertel
- 3 EL Crème fraîche
- 3 EL Basilikum, frisch gehackt
- einige Basilikumblättchen

Champignons in Zitronencreme

Für 4 Personen
Ein raffiniertes, aber trotzdem schnell zubereitetes Menü:
- *Blattsalat mit gratiniertem Ziegenkäse (S. 26)*
- *Paprikacremesuppe (s.o.)*
- *Champignons in Zitronencreme mit Buchweizencrêpes (S.35)*
- *Pfirsichsalat mit Himbeersauce (S. 39)*

In einem flachen Topf Butter schmelzen, Zwiebel und Knoblauch unter Rühren goldgelb anbraten. Champignons hinzufügen, unter Rühren 4 Minuten anbraten, leicht salzen, mit der Gemüsebrühe aufgießen, mit Thymian, Muskat und Zitronenschale würzen, zugedeckt 6 Minuten köcheln.
Champignons mit dem Schaumlöffel aus dem Topf heben, auf einen Teller geben. Crème fraîche mit dem Schneebesen in die Sauce rühren. Sauce bei starker Hitze etwas einkochen lassen. Zitronensaft unterrühren, Champignons zurück in den Topf geben, nochmals kurz erhitzen, mit Pfeffer und Salz abschmecken. Pilze mit Petersilie garniert servieren.

Zutaten

- 2 EL Butter
- 1 Zwiebel, fein gehackt
- 2 Knoblauchzehen, fein gehackt
- 750 g Champignons, Viertel
- 200 ml Gemüsebrühe
- $^1/_2$ TL Thymian
- 1 Prise Muskat
- abgeriebene Schale von $^1/_4$ unbehandelten Zitrone
- 4 EL Crème fraîche
- $^1/_2$ EL Zitronensaft
- schwarzer Pfeffer, Salz
- 1 EL Petersilie, fein gehackt

Omeletts mit Tomaten und Käse überbacken

Für 4 – 6 Personen

Die Pfanne muß stimmen, damit das Omelett perfekt gelingt. In einer gußeisernen oder nicht haftenden Pfanne kleben flaumige Omeletts und zarte Crêpes nicht an. So bleibt die Freude am Kochen und der Spaß beim Essen ungetrübt.

Für die Tomatensauce Butter und Olivenöl in einer Pfanne erhitzen, Zwiebel und Knoblauch 5 Minuten glasig dünsten. Tomaten und Gewürze hinzufügen, in 15 Minuten zu einer dicken Sauce einkochen, ab und zu umrühren.
Die Omeletts nacheinander backen. Dafür jeweils 2 Eier mit Salz und Pfeffer verquirlen, Schnittlauch unterrühren. $^1/_2$ EL Butter in einer kleinen Pfanne erhitzen, Eier hineingießen, in der Pfanne verteilen. Wenn das Ei gestockt ist, $^1/_4$ der Tomatensauce auf das Omelett geben. Omelett zusammenklappen.
Das Omelett ist perfekt, wenn es außen leicht goldbraun und das Innere noch flaumig weich ist.
Eine flache Auflaufform mit $^1/_2$ EL Butter ausstreichen. Omeletts nebeneinander in die Form legen. Sahne darübergießen, mit Käse und Butterflöckchen bestreuen. Omeletts im vorgeheizten Ofen bei starker Oberhitze 4 Minuten überbacken.

Zutaten

Tomatensauce:
- 1 EL Butter
- 1 EL Olivenöl
- 1 kleine Zwiebel, fein gehackt
- 2 Knoblauchzehen, fein gehackt
- 500 g Tomaten, abgezogen, Würfel, oder geschälte Tomaten aus der Dose
- $^1/_4$ TL Thymian
- $^1/_2$ TL Basilikum
- Pfeffer, Salz

Omeletts:
- 8 Eier
- Salz, Pfeffer
- 1 Bund Schnittlauch, fein geschnitten
- 4 EL Butter
- 80 g Emmentaler, gerieben
- 100 ml Sahne

Spinatomelett

Für 4 Personen

Spinat etwas antauen. Butter und Olivenöl in einer Pfanne erhitzen, Zwiebel und Knoblauch in 5 Minuten glasig dünsten. Spinat dazugeben, mit Thymian, Muskat, Pfeffer und Salz würzen, unter Rühren 3 Minuten erhitzen, bis der Spinat durch und durch heiß ist. Spinat in mundgerechte Stücke schneiden. Die Omeletts nacheinander backen. Dafür jeweils 2 Eier mit Salz und Pfeffer verquirlen. $^1/_2$ EL Butter in einer Pfanne erhitzen, Eier hineingießen, verteilen. Wenn das Ei zu stocken beginnt, etwas Spinat darauf verteilen, mit Käse bestreuen und zusammenklappen. Omelett auf beiden Seiten leicht goldbraun backen.

Zutaten

Füllung:
- 300 g tiefgekühlter Blattspinat
- 1 EL Butter, 1 EL Olivenöl
- $^1/_2$ Zwiebel, fein gehackt
- 3 Knoblauchzehen, fein gehackt
- $^1/_4$ TL Thymian
- 1 Prise Muskat
- schwarzer Pfeffer, Salz

Omeletts:
- 8 Eier
- Salz, Pfeffer, 3 EL Butter
- 100 g Emmentaler, fein gerieben

Ratatouille

Provenzalischer Gemüsetopf

Für 4 Personen

Auberginen, Paprika und Tomaten: Die Lieblingsgemüse des Sommers schmoren alle in einem Topf.

In einer großen Pfanne 4–6 EL Öl erhitzen, Auberginenscheiben nacheinander auf jeder Seite 1 Minute darin anbraten, leicht salzen. Herausnehmen.
Restliches Öl in der Pfanne erhitzen, Zwiebeln unter Rühren anbraten, Paprika dazugeben, leicht salzen, 3 Minuten anbraten. Knoblauch und Tomaten unterrühren, mit Thymian, Oregano, Salz und Pfeffer würzen, 5 Minuten zugedeckt köcheln.
In einem flachen Topf mit dickem Boden 1/3 der Tomatensauce verteilen. Die Hälfte der Auberginenscheiben darauf legen, mit 1/3 Tomatensauce bestreichen, eine zweite Schicht Auberginenscheiben darauf geben. Restliche Tomatensauce darübergießen, mit Petersilie bestreuen.
Ratatouille im gut verschlossenen Topf bei mittlerer Hitze 10 Minuten köcheln, dann den Topf öffnen und noch 15 Minuten weitergaren.

Zutaten

- 6–8 EL Olivenöl
- 600 g Auberginen, geschält, 1 cm dicke Längsscheiben
- Salz
- 200 g Zwiebeln, fein gehackt
- 4 Knoblauchzehen, fein gehackt
- 2 gelbe Paprika, dünne Streifen
- 1 kg Tomaten, abgezogen, Stücke
- 1/2 TL Thymian
- 1/2 TL Oregano
- Pfeffer
- 2 EL Petersilie, fein gehackt

Gefüllte Tomaten mit Pilzen

Hauptgericht für 2 Personen
Vorspeise für 4 Personen

Schmeckt warm und kalt. Wenn die Wildpilze Saison haben, mit Steinpilzen zubereiten.

Von den Tomaten einen Deckel abschneiden. Tomaten mit einem kleinen Löffel aushöhlen. 1 EL Butter in einer Pfanne schmelzen, Zwiebeln und Knoblauch anbraten. Pilze dazugeben, unter Rühren bei starker Hitze kurz anbraten. In einer Schüssel Pilze, Kräuter, Ei und Brotbröseln vermischen. Die Masse kräftig mit Salz und Pfeffer abschmecken.
Tomaten in eine kleine, eingefettete Auflaufform setzen, mit der Pilzmischung füllen. Butterflöckchen auf den Tomaten verteilen, im vorgeheizten Ofen bei mittlerer Hitze 15–20 Minuten backen.

Zutaten

- 4 mittelgroße Tomaten
- 2 EL Butter
- 2 EL Zwiebeln, fein gehackt
- 2 Knoblauchzehen, fein gehackt
- 250 g Champignons, kleine Würfel
- 1 kleines Bund Basilikum, fein geschnitten
- 1 EL Petersilie, fein gehackt
- 1 Ei, 1 Scheibe Vollkorntoast, in Böseln
- Salz, Pfeffer
- 1 TL Olivenöl

Spinatquiche

Für 4 Personen

Der Mürbeteig ist in wenigen Minuten geknetet. Damit er gelingt, müssen alle Zutaten sehr kalt sein. Der Teig eignet sich zum Einfrieren. Der Quiche-Boden wird zuerst ohne Füllung kurz gebacken. Damit sich der Boden beim Vorbacken nicht wölbt, bedeckt man ihn zuerst mit Butterbrotpapier und dann mit getrockneten Hülsenfrüchten.

Auf einem Brett rasch Mehl mit Eigelb, Zucker und Salz vermischen. Butter darauf geben, mit einem großen Messer die Butter klein hacken und unter das Mehl mischen. Eiswasser auf zweimal in den Teig kneten, sehr zügig arbeiten.
Teig teilen, gut verschlossen 1 Stunde im Kühlschrank ruhen lassen. Eine Teighälfte auf einer bemehlten Fläche rund ausrollen, in eine mit Butter ausgestrichene Springform legen (ca. 26 cm Durchmesser). Der Teigrand soll 3 cm hoch stehen. Teig mit Backpapier bedecken, mit getrockneten Bohnen füllen. Boden im vorgeheizten Ofen bei 200 Grad 20 Minuten backen. Hülsenfrüchte und Butterbrotpapier entfernen.
In einer Pfanne 1 EL Butter erhitzen, Zwiebeln und Knoblauch unter Rühren goldgelb braten. Den angetauten Spinat hinzufügen, unter Rühren einige Minuten erhitzen. In große Stücke schneiden.
Eier mit Sahne verquirlen, mit Spinat und der Hälfte vom Käse vermischen. Die Füllung kräftig mit Muskat, Salz und Pfeffer abschmecken, auf den vorgebackenen Boden gießen. Quiche mit dem restlichen Käse und der restlichen Butter in Flöckchen bestreuen. Im vorgeheizten Ofen bei 200 Grad ca. 25 Minuten backen. Die Quiche schmeckt heiß und kalt, und ist eine grüne Zierde für jedes kalte Buffet.

Zutaten

Mürbeteig für 2 Quiches:

- 250 g feines Weizenvollkornmehl
- 1 Eigelb
- 1/2 TL Zucker
- 1/2 TL Salz
- 150 g eiskalte Butter
- 100 ml Eiswasser

Füllung für 1 Quiche:

- 1 1/2 EL Butter
- 1 Zwiebel, fein gehackt
- 3 Knoblauchzehen, fein gehackt
- 600 g tiefgekühlter Blattspinat
- 3 Eier
- 100 ml Sahne
- 100 g Emmentaler, gerieben
- 1 Prise Muskat
- schwarzer Pfeffer, Salz

Brokkoli-Kräuter-Soufflé

Für 4 Personen
Während der ersten 20 Minuten den Backofen nicht öffnen, sonst fällt das Soufflé zusammen.

Brokkoli zugedeckt in einem Siebeinsatz über Wasserdampf in 8 Minuten bißfest garen. Butter in einem kleinen Topf schmelzen, Mehl hinzufügen, unter Rühren anrösten, bis ein angenehmer Duft aufsteigt. Mit heißer Milch aufgießen. Die Sauce mit dem Schneebesen glattrühren, mit Muskat, Piment, Pfeffer und Salz würzen, unter Rühren 3 Minuten köcheln.
Sauce vom Herd nehmen, etwas abkühlen lassen. Kräuter hinzufügen. Eier trennen. Eigelb nacheinander unter kräftigem Rühren in die Sauce einarbeiten. Käse bis auf 2 EL unterziehen. Brokkoliröschen darunter mischen. 5 Eiweiß mit etwas Salz sehr steif schlagen, vorsichtig unter die Masse heben.
Eine hohe Auflaufform mit Butter ausstreichen. Soufflémasse hineingießen. Die Form darf nur zu zwei Dritteln gefüllt sein. Das Soufflé im vorgeheizten Ofen bei mittlerer Hitze (190 Grad) in ca. 30 Minuten goldbraun backen. Fertiges Soufflé sofort servieren.

Zutaten

- 400 g Brokkoli, kleine Röschen
- 30 g Butter
- 30 g Mehl
- 250 ml heiße Milch
- 1 Prise Muskat
- 1 Prise Piment
- Pfeffer, Salz
- 3 EL Petersilie, fein gehackt
- 2 EL Schnittlauch, fein gehackt
- 2 EL Basilikum, fein gehackt
- 4 Eier
- 100 g Emmentaler, gerieben
- 1 Eiweiß
- Butter für die Form

Buchweizencrêpes

Für 4 Personen
Als Hauptgericht werden sie pikant serviert, gefüllt mit Spinat und Käse. Zum Dessert gibt es die heiß-kalte Mischung: knusprige Crêpes mit Erdbeeren und Vanille-Eis.

Mit dem Handrührgerät Milch, Mineralwasser, Eier und Salz glattrühren. Mehl untermischen. Butter schmelzen, in den Teig rühren. Teig 1 Stunde kalt stellen. Eine gußeiserne oder nicht haftende Pfanne dünn mit Öl ausstreichen, erhitzen. Eine kleine Schöpfkelle Teig in die Pfanne gießen. Teig durch Drehen der Pfanne gleichmäßig verteilen. Crêpes auf beiden Seiten knusprig braun backen. Crêpes auf einen Teller geben, im Backofen bei 50 Grad warm halten, bis der ganze Teig verbraucht ist. Wenn der Teig zu dick wird, noch etwas Milch einrühren. Vor jedem neuen Crêpe die Pfanne dünn mit Öl ausstreichen.

Zutaten

- 125 ml Milch
- 125 ml Mineralwasser
- 3 Eier
- 1/2 TL Salz
- 150 g feines Buchweizenmehl
- 50 g Butter
- 4 EL Öl

Pilzcrêpes mit Tomatencreme überbacken

Für 4 Personen

Für Gäste und Feste. Läßt sich gut vorbereiten: kurz vor dem Essen werden die Crêpes nur noch mit der Tomatencreme begossen und kommen in den heißen Backofen.

Butter in einer Pfanne schmelzen, Champignons unter Rühren 4 Minuten anbraten, mit Salz und Pfeffer würzen. Vom Herd nehmen, mit den Frühlingszwiebeln vermischen. Frischkäse, Ei, Petersilie und 100 g Emmentaler mit dem Handrührgerät verrühren.

Für die Sauce Butter in einem kleinen Topf schmelzen, Mehl dazugeben. Unter Rühren anrösten, bis ein angenehmer Duft aufsteigt. Mit heißer Milch aufgießen. Sauce mit dem Schneebesen glattrühren, mit Muskat, Oregano, Pfeffer und Salz würzen, ca. 3 Minuten köcheln. Passierte Tomaten einrühren. Eine flache Auflaufform mit 1 TL Butter ausstreichen. Crêpes mit Frischkäse-Creme bestreichen, Champignons darauf verteilen. Crêpes aufrollen, nebeneinander in die Form legen. Tomatensauce darübergießen, mit dem restlichen Käse und Butterflöckchen bestreuen. Die Crêpes im vorgeheizten Ofen 25–30 Minuten bei mittlerer Hitze überbacken.

Zutaten

Füllung:
- 1 EL Butter
- 500 g Champignons, dünne Scheiben
- Salz, Pfeffer
- 3 Frühlingszwiebeln, feine Ringe
- 100 g Frischkäse
- 1 Ei
- 2 EL Petersilie, fein gehackt
- 150 g Emmentaler, gerieben

Sauce:
- 50 g Butter, 60 g Mehl
- 600 ml heiße Milch
- 1 Prise Muskat
- $^1/_2$ TL Oregano
- schwarzer Pfeffer, Salz
- 4 EL passierte Tomaten (Fertigprodukt)

Außerdem:
- 8 Buchweizencrêpes (S. 35)
- 1 EL Butter

Orangencreme

Für 4 Personen

Auf traditionelle Weise zubereitet, ganz wie zu Großmutters Zeiten.

Orangensaft und Schale, Eigelb, Speisestärke und Zucker mit dem Schneebesen verrühren. In einem kleinen Topf die Flüssigkeit unter Rühren zum Kochen bringen, vom Herd nehmen und im Wasserbad abkühlen lassen. Sahne sehr steif schlagen, mit der Orangencreme vermischen.

Schokolade grob reiben. Orangencreme portionsweise in Gläsern anrichten, mit Schokoladenspänen garnieren.

Zutaten

- 300 ml Orangensaft, frisch gepreßt
- abgeriebene Schale von $^1/_2$ unbehandelten Orange oder Zitrone
- 2 Eigelb
- 30 g Speisestärke
- 100 g Zucker
- 125 ml Sahne
- 30 g zartbittere Schokolade

Vanillesoufflé

Für 4 Personen

Eine hohe Auflaufform mit 1 EL Butter ausstreichen und mit 1 EL Zucker bestreuen. Mit dem Handrührgerät Mehl mit etwas Milch glattrühren. Restliche Milch, restlichen Zucker, Zitronenschale und Zimt einrühren. In einem kleinen Topf die Mischung bei schwacher Hitze zum Kochen bringen, dabei ständig rühren. In 30 Sekunden unter Rühren eine sehr dicke Sauce kochen. Vom Herd nehmen, noch 2–3 Minuten rühren, damit die Sauce etwas abkühlt.
Vanilleschoten mit einem scharfen Messer längs aufschneiden, Mark herauskratzen, in die Sauce mischen.
Eier trennen. Eigelb nacheinander mit dem Handrührgerät in die Sauce mischen. Eiweiß mit einer Prise Salz sehr steif schlagen. 1/4 vom Eiweiß in die Soufflé-Sauce rühren, den Rest vorsichtig unterheben.
Soufflémasse in die vorbereitete Form gießen. Die Form sollte nur zu 2/3 gefüllt sein. Soufflé im vorgeheizten Ofen bei mittlerer Hitze (190 Grad) 30–35 Minuten goldbraun backen. Sofort mit Puderzucker bestäubt servieren.

Zutaten

- 4 EL weiche Butter
- 100 g Zucker
- 50 g Mehl
- 200 ml Milch
- abgeriebene Schale von 1/4 unbehandelten Zitrone
- 1 Prise Zimt
- 3 Vanilleschoten
- 4 Eier
- 1 Eiweiß
- 1 Prise Salz
- 1 EL Puderzucker

Sorbet de cassis

Johannisbeersorbet

Für 4 Personen
Der richtige, da leichte Abschluß eines opulenten Essens.

Johannisbeeren von den Stielen streifen. (Zur Dekoration einige ganze Zweige beiseite stellen.) Die Beeren im Mixer oder mit dem Mixstab pürieren, durch ein Sieb streichen. Johannisbeersaft mit Cassis vermischen: Saft in eine flache Schüssel gießen, zugedeckt 2 Stunden in die Tiefkühltruhe stellen. Alle 20 Minuten die Fruchtmasse gut durchrühren. Darauf achten, daß sich an den Rändern keine feste Eisschicht bildet. Portionsweise anrichten, mit Johannisbeer-Zweigen garnieren, sofort servieren.

Zutaten

- 700 g rote Johannisbeeren
- 5 EL Johannisbeersirup (Cassis)

Pêches cardinal

Pfirsichsalat mit Himbeersauce

Für 4 Personen (Foto links)

Portionsweise angerichtet, wirkt dieses unkomplizierte Dessert besonders appetitanregend.

Pfirsiche kurz in kochendes Wasser legen, Haut abziehen, in feine Schnitze schneiden, in eine Schüssel geben. Orangensaft mit 1/2 EL Honig und Vanillezucker verrühren, mit den Pfirsichen vermischen.
Die Himbeeren mit dem restlichen Honig im Mixer oder mit dem Mixstab pürieren, durch ein Sieb streichen. Sahne steifschlagen.
Pfirsichsalat auf Dessertteller geben, mit Himbeersauce und Sahne garnieren.

Zutaten

- 700 g reife Pfirsiche
- Saft von 1 Orange
- 2 EL Honig
- 1 Pck. Natur-Vanillezucker
- 250 g Himbeeren (frisch oder tiefgekühlt)
- 100 ml Sahne

Melone au chocolat

Melone mit Schokoglasur

Für 4 Personen

Saftige Melonenscheiben zur Hälfte mit Schokoladenglasur überzogen.

Butterbrotpapier auf ein Tablett legen. Dann die Schokolade im Wasserbad schmelzen: Schokolade in eine Rührschüssel aus Edelstahl geben. Schüssel in einen Topf mit Wasser stellen. Wasser zum Kochen bringen. Schokolade unter Rühren schmelzen. Wenn die Schokolade geschmolzen ist, Topf vom Herd nehmen. Vorsicht, es darf kein Wassertropfen in die Schokolade kommen, sie wird sonst hart.
Melonenschnitze bis zur Hälfte in die Schokolade tauchen, abtropfen lassen, auf das Butterpapier legen. Damit die Glasur hart wird, Melonenschnitze 30 Minuten kalt stellen. Melonen erst kurz vor dem Servieren aus dem Kühlschrank nehmen.

Zutaten

- 300 g zartbittere Schokolade
- 1 kleine Netzmelone, Schnitze

SPANIEN

Will man dem Wesen der ländlichen Küche Spaniens näherkommen, sollte man sich intensiv mit der Zubereitung einer Potaje beschäftigen. Diese reichhaltige Suppe, deren Zutaten regional variieren, wird von den Pyrenäen bis zur Meerenge von Gibraltar oft als erster Gang eines ernst zu nehmenden Mittagessens serviert. In bäuerlicher Tradition, aus frischen Gemüsen der Jahreszeit, nahrhaften Bohnen oder Kichererbsen, mit reichlich Olivenöl und viel Knoblauch gekocht, macht die Potaje zufrieden, satt und hinterläßt das angenehme Gefühl, auf das Beste versorgt zu sein.

Tapas, Lebenslust in kleinen Happen, gibt es in den Bars zu kosten: Pastetchen, marinierte Pilze, würziger Käse, ein Stück Auberginen-Tortilla und dazu ein Gläschen eisgekühlter Sherry fino. Köstlich und ungezwungen ist die Gastlichkeit in spanischen Tapabars, aufmunternd wie eine heitere Flamenco-Melodie.

Picadillo

Für 4 Personen (Foto rechts)

Der Klassiker unter den südlichen Sommersalaten – einfach, gut, bereichert jedes Hauptgericht. Besonders aromatisch wird der Salat mit Sherryessig.

Tomaten, Paprika und Zwiebel in eine Schüssel geben, mit Essig und Öl vermischen, mit Pfeffer und Salz würzen.

Zutaten

- 4 große, reife Tomaten, Würfel
- 2 grüne Paprikaschoten, Würfel
- 1 milde, weiße Zwiebel, gehackt
- 3 EL Sherryessig
- 4 EL Olivenöl, Pfeffer, Salz

Champiñones al ajillo

Champignons in Knoblauchsauce

Für 4 Personen

Schnell und einfach zubereitet. Schmeckt heiß und kalt. Wird als Tapa zu einem Glas Wein gereicht, überzeugt aber auch als Vorspeise oder als Salat auf dem kalten Buffet.

Die ganzen Champignons in eine flache Auflaufform geben. Aus Olivenöl, Sherry, Zitronensaft und Knoblauch eine Marinade anrühren, mit Salz und Pfeffer abschmecken. Marinade über die Champignons gießen. Pilze im vorgeheizten Ofen bei mittlerer Hitze 20 Minuten schmoren. Mit Petersilie bestreut servieren.

Zutaten

- 800 g kleine Champignons
- 5 EL Olivenöl
- 3 EL Medium Dry Sherry
- 1 EL Zitronensaft
- 5 Knoblauchzehen, fein gehackt
- Salz, Pfeffer
- 2 EL Petersilie, fein gehackt

Pan tomate

Geröstetes Knoblauch-Tomaten-Brot

Für 4 Personen

Am besten schmeckt das Brot, wenn es über der Glut geröstet wird. Es gelingt aber auch im Backofen. Der einfachste, aber trotzdem perfekte Imbiß zu einem Glas Rotwein.

Brot auf beiden Seiten knusprig rösten. Knoblauchzehen halbieren. Brot mit der Schnittfläche des Knoblauchs kräftig einreiben. Tomate parallel zum Stielansatz halbieren, Brot kräftig mit Tomate einreiben, mit etwas Olivenöl beträufeln, mit Salz würzen.

Zutaten

- 8 große Scheiben feines Weizenvollkornbrot
- 3 Knoblauchzehen
- 1 große Tomate
- 2–3 EL Olivenöl
- Salz

Mangold mit Knoblauch

Für 4 Personen

Heiß als Gemüse oder kalt als Salat. Mangold kann man auch durch Spinat ersetzen.

Mangold in einem Siebeinsatz über Wasserdampf zugedeckt 3 Minuten garen. Mangold in mundgerechte Stücke schneiden. Olivenöl in einer großen Pfanne erhitzen, Knoblauch kurz unter Rühren anbraten, Mangold dazugeben, unter Rühren 5 Minuten anbraten, mit Salz und Pfeffer abschmecken. Mangold vom Herd nehmen, mit Zitronensaft würzen, auf einer großen Platte anrichten, mit Zitronenachteln garnieren.

Zutaten

- 1 kg Mangold
- 4 EL Olivenöl
- 6 Knoblauchzehen, dünne Scheiben
- Salz, Pfeffer
- 1 EL Zitronensaft
- 4 Zitronenachtel

Blumenkohl mit Mandel-Knoblauchsauce

Für 4 Personen

Ajo – Knoblauch. Die tolle Knolle gehört zur spanischen Küche wie der Dotter zum Ei. Selbstverständlich in beträchtlichen Mengen.

Gemüsebrühe zum Kochen bringen, Blumenkohl dazugeben, zugedeckt weich mit Biß köcheln. Blumenkohl in ein Sieb abgießen, Gemüsebrühe auffangen.
Mandeln, Knoblauch, Weißbrot, Essig, Salz mit 70 ml Kochflüssigkeit im Mixer fein pürieren. Das Öl wie bei einer Mayonnaise langsam in den laufenden Mixer gießen. Sauce mit Salz abschmecken, über den Blumenkohl gießen. Mit Petersilie bestreuen. Schmeckt warm oder kalt.

Zutaten

- 300 ml Gemüsebrühe
- 1 Blumenkohl, kleine Röschen
- 1 EL Petersilie, fein gehackt

Mandel-Knoblauchsauce:

- 70 g Mandelblättchen
- 2 Knoblauchzehen, feine Scheiben
- 1 Scheibe Weizenvollkorntoast, kleine Stücke
- 2 EL Weißweinessig
- 80 ml Olivenöl
- Salz

Berenjenas con ajo

Pikante Auberginencreme

Für 4 Personen

So wird diese Vorspeise stilecht serviert: Creme auf einem großen, flachen Teller ausstreichen, mit Petersilie bestreuen. Dazu Brot zum Einstippen reichen.

Zutaten

- 800 g Auberginen
- 4 EL Olivenöl
- 6 Knoblauchzehen, fein gehackt
- Salz, Pfeffer
- 1 TL Zitronensaft
- 1 EL Petersilie, fein gehackt

Auberginenstiele abschneiden. Die Auberginen rundum dreimal mit der Gabel einstechen. Die ganzen Auberginen im vorgeheizten Ofen 45 – 50 Minuten backen, bis sich die Haut schwarzbraun verfärbt. Auberginen halbieren, die angesammelte Flüssigkeit abgießen, Fruchtfleisch in sehr kleine Stücke schneiden.

Olivenöl erhitzen, Knoblauch kurz unter Rühren braten, Auberginenstückchen dazugeben, mit Salz und Pfeffer würzen, unter Rühren zu einem dicken Brei einkochen, Vom Herd nehmen, Zitronensaft unterrühren. Die Auberginencreme auf einer Platte anrichten, mit Petersilie garnieren. Schmeckt warm oder kalt.

Tortilla de berenjenas

Auberginentortilla

Für 2 Personen

Besonders beliebt sind Tortillas als kalter oder warmer Brotbelag, als reichhaltiges „Bocadillo“ für das Picknick am Strand.

Zutaten

- 5 EL Olivenöl
- 400 g Auberginen, 1 cm dicke Längsscheiben
- Salz
- 2 Knoblauchzehen, feine Scheiben
- 4 Eier
- schwarzer Pfeffer, Salz

Ein großes Blech mit 1 EL Olivenöl bestreichen. Auberginen nebeneinander darauf legen, leicht salzen, mit 1 EL Olivenöl beträufeln. Auberginen im vorgeheizten Ofen bei mittlerer Hitze 20 Minuten backen, nach 10 Minuten einmal umdrehen. Eventuell Backblech nochmals einölen. Auberginen in mundgerechte Stücke schneiden. Knoblauch in 1/2 EL Olivenöl kurz anbraten.

Die weitere Zubereitung erfolgt wie beim Rezept „Tortilla de verduras“ (S. 46).

Tortilla de verduras

Gemüsetortilla

Für 4 Personen (Foto S. 43)

Wesentlicher Bestandteil der schnellen Küche in Spanien sind Tortillas: dicke Eierkuchen mit Gemüse oder Kartoffeln gefüllt. Tortillas werden in kleinen Stücken als Tapa verspeist oder mit Salat als Hauptgericht serviert.

Blumenkohl zugedeckt in einem Siebeinsatz über Wasserdampf 8 Minuten garen. Die letzten 3 Minuten die Erbsen dazugeben. Knoblauch in 1 EL Olivenöl kurz unter Rühren anbraten. Eier in einer Schüssel mit Pfeffer und Salz verquirlen. Blumenkohl, Erbsen, Knoblauch, Frühlingszwiebeln und Petersilie daruntermischen.
2–3 EL Olivenöl in einer großen Pfanne erhitzen. Ei-Gemüse-Mischung in die Pfanne gießen, kurz bei starker Hitze anbraten, dann auf schwache Hitze zurückschalten. Schon festes Ei vom Rand der Pfanne mit dem Kochlöffel zur Mitte schieben. Tortilla 5 Minuten offen und ca. 8–10 Minuten zugedeckt braten, bis das Ei gestockt ist.
Um die Tortilla zu wenden, einen Topfdeckel oder einen großen Teller auf die Pfanne legen. Die Tortilla auf den Teller stürzen. Restliches Olivenöl erhitzen, Tortilla zurück in die Pfanne gleiten lassen, noch einige Minuten braten, damit auch die zweite Seite schön goldgelb wird.

Zutaten

- 300 g Blumenkohl, kleine Röschen
- 100 g tiefgekühlte Erbsen
- 4 Knoblauchzehen, Scheiben
- 5 EL Olivenöl
- 8 Eier
- Salz, schwarzer Pfeffer
- 2 Frühlingszwiebeln, feine Ringe
- 1 EL Petersilie, fein gehackt

Sopa de ajo

Mallorquinische Knoblauchsuppe

Für 4 Personen

Olivenöl, Knoblauch, Tomaten und Brot, die wichtigsten Zutaten der spanischen Küche ergeben auch eine köstliche Suppe.

Knoblauch und Brot im Olivenöl unter Rühren kurz anrösten. Tomaten dazugeben, unter Rühren kurz einkochen. Mit Gemüsebrühe aufgießen, mit Lorbeer, Oregano und Chili würzen. Suppe zugedeckt 20 Minuten köcheln, bis die Knoblauchzehen weich sind. Die Suppe durch ein Sieb streichen. Mit Petersilie garniert servieren.

Zutaten

- 24 Knoblauchzehen
- 4 Scheiben Weizenvollkorntoast, in Bröseln
- 4 EL Olivenöl
- 4 Tomaten, abgezogen, Würfel
- 1 l Gemüsebrühe
- 1 Lorbeerblatt
- $^1/_2$ TL Oregano
- 1 Prise Chili
- 1 EL Petersilie, fein gehackt

Potaje de garbanzos

Kichererbsen-Gemüse-Eintopf

Für 4 – 6 Personen

Erklärte Leibspeise in Andalusien sind deftige Eintöpfe mit Kichererbsen und Saison-Gemüse, die ihr typisches Aroma frischer Minze und kaltgepreßtem Olivenöl verdanken.

Kichererbsen abgießen, abtropfen lassen. Mit 1,5 l kaltem Wasser zum Kochen bringen, in 1 – 1 1/2 Stunden zugedeckt bei schwacher Hitze weich garen (Schnellkochtopf 30 – 40 Minuten). Zwiebel und Knoblauch im Olivenöl in 10 Minuten glasig dünsten, Tomaten dazugeben, unter Rühren etwas einkochen. Mit Kichererbsen und Kochwasser aufgießen. Die Suppe mit Suppenwürfeln, Minze und Pfeffer würzen, zum Kochen bringen.
Kartoffeln, Kürbis, Karotten und Sellerie hinzugeben, zugedeckt ca. 15 Minuten köcheln. Die Gemüse sollen weich sein, dürfen aber nicht zerfallen. Spinat unterrühren, noch 1 Minute köcheln. Eintopf mit Salz und Pfeffer abschmecken. Mit Minzeblättchen garnieren.

Zutaten

- 200 g Kichererbsen, 8 Stunden eingeweicht
- 1 Zwiebel, fein gehackt
- 5 Knoblauchzehen, fein gehackt
- 5 EL Olivenöl
- 2 Tomaten, abgezogen, Würfel
- 2 – 3 Gemüsebrühwürfel
- 2 Stengel frische Minze
- Pfeffer
- 200 g Kartoffeln, Würfel
- 200 g Kürbis, Würfel
- 100 g Karotten, Scheiben
- 100 g Sellerie, Würfel
- 100 g Blattspinat, mundgerechte Stücke
- Salz
- einige Minzeblättchen

Kraut-Gemüsetopf aus den Pyrenäen

Für 4 Personen

Kraut und Rüben, aber auch Paprika, Kartoffeln, Tomaten und Erbsen wandern in dieses herzhafte, ländliche Gemüsegericht.

Olivenöl in einem großen, flachen Topf erhitzen, Zwiebel und Knoblauch 5 Minuten glasig dünsten. Paprika, Kartoffeln und Karotten dazugeben, leicht salzen, unter Rühren 4 Minuten anbraten. Tomaten, Petersilie, Gemüsebrühe, Chili und Lorbeer hinzufügen, zum Kochen bringen. Kraut unterrühren, zugedeckt 15 Minuten köcheln, bis die Kartoffeln weich sind. Erbsen erst ganz zum Schluß dazugeben und nur 3 Minuten garen. Zum Kraut-Gemüsetopf gibt es Reis oder Brot.

Zutaten

- 4 EL Olivenöl
- 2 Zwiebel, fein gehackt
- 4 Knoblauchzehen, dünne Scheiben
- 1 grüne Paprikaschote, 1 cm dünne Streifen
- 200 g Kartoffeln, 1/2 cm dünne Scheiben, 1 kleine Karotte, 1/2 cm dünne Scheiben
- 2 Tomaten, abgezogen, Würfel
- 2 EL Petersilie, fein gehackt
- 500 ml Gemüsebrühe
- 1 Prise Chili, 1 Lorbeerblatt
- 500 g Weißkraut, 2 cm dicke Streifen
- 100 g tiefgekühlte Erbsen

Gazpacho

Kalte Sommersuppe

Für 4 Personen

Die würzige Suppe liefert eisgekühlte Vitamine für heiße Tage.

Gurke, Tomaten, Paprika, Zwiebel, Knoblauch und Vollkornbrösel in einer Schüssel mit Wasser, Essig, Salz und Pfeffer verrühren. Die Mischung in 3 Portionen im Mixer oder mit dem Mixstab fein pürieren. Gazpacho in eine Schüssel gießen. Olivenöl nach und nach mit dem Schneebesen einrühren. Suppe mit Salz abschmecken.
Gazpacho zugedeckt 2 Stunden kühlen. Vor dem Servieren gut umrühren. Zwiebel, Tomaten und Gurke für die Garnierung in getrennten Schälchen zur Suppe reichen.

Zutaten

- 500 g Gurke, geschält, Stücke
- 600 g Tomaten, abgezogen, Stücke
- 1 grüne Paprika, Würfel
- 1 kleine Zwiebel, gehackt
- 3 Knoblauchzehen, gehackt
- 2 Scheiben Vollkorntoast, in Bröseln
- 500 ml Eiswasser
- 2 EL Weinessig, 4 EL Olivenöl, Salz, schwarzer Pfeffer

Garnitur:

- 1/2 Zwiebel, fein gehackt
- 2 Tomaten, sehr kleine Würfel
- 1/4 Gurke, sehr kleine Würfel

Artischockenpfanne

Für 4 Personen (Foto rechts)

Im wahrsten Sinn des Wortes ein Gericht zum Zugreifen. Zarte Artischocken schmoren in einer weinwürzigen Sauce mit Tomaten, Karotten und Kartoffeln.

Artischocken halbieren, die feinen Frucht-Härchen entfernen, Artischocken in reichlich Salzwasser 10 Minuten kochen, abgießen, abtropfen lassen.
In einem flachen, ofenfesten Topf Olivenöl erhitzen. Zwiebel und Knoblauch anbraten. Artischocken mit den Schnittflächen nach oben, nebeneinander in den Topf legen, dazwischen Karotten, Kartoffeln und Tomaten verteilen. Thymian, Petersilie und Pfeffer über das Gemüse streuen. Gemüsebrühe, Weißwein und Zitronensaft vermischen, über die Artischocken gießen. Die Flüssigkeit auf dem Herd zum Kochen bringen. Die Artischocken im gut verschlossenen Topf im Ofen bei mittlerer Hitze 45 Minuten schmoren.

Zutaten

- 4 große Artischocken
- Salz
- 100 ml Olivenöl
- 1 Zwiebel, fein gehackt
- 3 Knoblauchzehen, fein gehackt
- 200 g Karotten, 2 cm dicke Scheiben
- 400 g festkochende Kartoffeln, Schnitze
- 4 Tomaten, abgezogen, kleine Würfel
- 1/2 TL Thymian
- 2 EL Petersilie, fein gehackt
- Pfeffer
- 400 ml Gemüsebrühe
- 4 EL trockener Weißwein
- 1 TL Zitronensaft

Pisto

Sommergemüsetopf

Für 4 Personen

Auberginen, Paprika und Tomaten schmoren langsam bei schwacher Hitze, bis die Gemüse sehr weich sind, dann wird verquirltes Ei darunter gerührt. Es git unendlich viele Pistorezepte. Hier eine Version aus Bologna, einem kleinen Fischerdorf an der Atlantikküste.

In einem flachen Topf Olivenöl erhitzen, Zwiebeln bei schwacher Hitze 15 Minuten weich dünsten, ab und zu umrühren. Paprika, Auberginen und Tomaten hinzufügen, mit Salz und Pfeffer würzen. Gemüse zugedeckt bei schwacher Hitze ca. 50 Minuten dünsten. Ab und zu umrühren. Die Flüssigkeit soll ganz eingekocht sein.
Verquirltes Ei untermischen, kurz unter Rühren erhitzen. Pisto in einer Schüssel anrichten. Mit gekochtem Ei und Petersilie garnieren. Dazu reichlich Brot servieren.

Zutaten

- 4 EL Olivenöl
- 300 g Zwiebeln, fein gehackt
- 2 grüne Paprikaschoten, kleine Würfel
- 500 g Auberginen, geschält, kleine Würfel
- 600 g Tomaten, abgezogen, Stücke
- Salz, Pfeffer
- 1 Ei verquirlt
- 1 gekochtes Ei, Viertel
- 1 EL Petersilie, fein gehackt

Papas bravas

Pikante Kartoffeln

Für 4 Personen

Brava – mutig und wild, mit diesem Attribut werden in Spanien spitzhörnige Stiere, aber auch Kartoffeln in recht pikanter Sauce bedacht.

Kartoffeln in der Schale weich dämpfen, schälen, halbieren. Zwiebeln und Knoblauch in 2 EL Olivenöl glasig dünsten, dann unter Rühren goldgelb braten. Paprika und Chili, dazugeben, kurz unter Rühren anrösten. Passierte Tomaten hinzufügen, mit Gemüsebrühe aufgießen, gut verrühren.
Mit Lorbeerblatt würzen. Die Sauce 10 Minuten köcheln. Restliches Olivenöl erhitzen, Kartoffeln unter Rühren anbraten, leicht salzen. Mit der Paprikasauce aufgießen, einige Minuten köcheln, bis die Kartoffeln von einer dicken sämigen Sauce umgeben sind. Kartoffeln in einer flachen Schüssel anrichten, mit Käse bestreuen. Dazu Picadillo (S. 42) und Mangold mit Knoblauch (S. 44) reichen.

Zutaten

- 1 kg kleine, festkochende Kartoffeln
- 2 Zwiebeln, fein gehackt
- 5 Knoblauchzehen, fein gehackt
- 5 EL Olivenöl
- 3 TL Paprikapulver edelsüß
- 1/4 TL Chili
- 4 EL passierte Tomaten (Fertigprodukt)
- 300 ml Gemüsebrühe
- 1 Lorbeerblatt
- Salz
- 50 g Manchego Käse, gerieben

Sofrito

Für 4 Personen

Diese Sauce aus Tomaten und Paprika ist ein wichtiger Bestandteil der spanischen Küche. Mit einem Sofrito ist im Handumdrehen eine Suppe fertig, wird aus ganz normalen Spiegeleiern ein nationales Leibgericht, und man hat immer eine Sauce zu gegrillten und gebackenen Gemüsen zur Hand.

In einem flachen Topf Zwiebel und Knoblauch im Olivenöl glasig dünsten, Paprika dazugeben, unter Rühren 4 Minuten anbraten, leicht salzen. Tomaten unterrühren, mit Lorbeer und Pfeffer würzen, in 10 Minuten zu einer dicken Sauce einkochen. Ab und zu umrühren.

Zutaten

- 1 Zwiebel, fein gehackt
- 4 Knoblauchzehen, fein gehackt
- 3 EL Olivenöl
- 1 grüne Paprikaschote, kleine Würfel
- Salz
- 500 g Tomaten, abgezogen, kleine Würfel
- 1 Lorbeerblatt
- Pfeffer
- 2 EL Petersilie, fein gehackt

Überbackene Zucchini mit Sofrito

Für 4 Personen

Zucchini haben eine sehr kurze Garzeit und sind darum für die schnelle Küche prädestiniert. Mit Käse überbackene Zucchini stehen nach 25 Minuten auf dem Tisch, davon beträgt die Arbeitszeit maximal 10 Minuten.

Backblech mit 1 EL Olivenöl bestreichen. Zucchinischeiben nebeneinander darauf legen, leicht salzen, mit 1 EL Olivenöl beträufeln. Zucchini im vorgeheizten Ofen 10 Minuten backen, umdrehen. Backblech, wenn nötig, noch etwas einölen. Zucchini mit Käse bestreuen, 5 Minuten backen. Sofrito zu den Zucchini reichen.

Zutaten

- 3 EL Olivenöl
- 800 g Zucchini, 1 cm dünne Längsscheiben
- Salz
- 100 g Manchego Käse, fein gerieben
- 1 Rezept Sofrito

Spanische Spiegeleier

Für 2 – 4 Personen

Spiegeleier mit Sofrito sind ein typisches Schnellgericht. Wunderbar, wenn sich das Eigelb mit dem Sofrito vermischt. Das Ganze wird dann mit lockerem, feinem Vollkornbrot aufgetupft.

Olivenöl in einer Pfanne erhitzen, Eier in die Pfanne schlagen, salzen, pfeffern und braten. Etwas heißen Sofrito auf dem Teller verteilen, das Spiegelei darauf setzen und sofort servieren.

Zutaten

- 2 EL Olivenöl
- 4 Eier
- Salz, Pfeffer
- 1 Rezept Sofrito

Gegrilltes Gemüse

Für 4 Personen (Foto S. 43)

In der frischen Luft schmeckt's am besten. Zum Grillen eignen sich Auberginen, Champignons, Zucchini, Tomaten, Paprika und Frühlingszwiebeln.

Ein großes Stück Alufolie dünn mit Olivenöl einstreichen, auf den Grill legen. Tomaten am Stielansatz über Kreuz leicht einschneiden. Gemüse auf der Alufolie verteilen und grillen. Frühlingszwiebeln, Auberginen und Zucchini einmal wenden. Gegrilltes Gemüse mit Salz und Pfeffer würzen.

Zutaten

- 4–6 EL Olivenöl
- 4 kleine Tomaten
- 8 Frühlingszwiebeln
- 400 g Auberginen, 1 cm dicke Scheiben
- 400 g Zucchini, 1 cm dicke Scheiben
- 2 rote Paprika, große Schnitze
- 8 große Champignons
- Salz, Pfeffer

Empanadas picantes

Pikant gefüllte Teigtaschen

Für 4 Personen

Ein knuspriger Hefeteig umhüllt die Füllung aus Schafskäse, Paprika und Oliven. Empanadas werden warm und kalt gegessen. Schön für Buffets und Feste.

Alle Teigzutaten in die Knetschüssel der Küchenmaschine geben, Teig auf niedriger Stufe 5 Minuten kneten. Teig zugedeckt an einem warmen Ort 1 Stunde gehen lassen.
Zwiebeln und Knoblauch 10 Minuten in Olivenöl andünsten, dann unter Rühren goldgelb braten. Paprika dazugeben, unter Rühren 3 Minuten anbraten. In einer Schüssel die Gemüsemischung mit Chili, Käse, Oliven, Kapern und Ei gut verrühren. Mit Salz abschmecken.
Teig durchkneten, auf einer bemehlten Fläche dünn ausrollen, Quadrate von 12 cm Seitenlänge ausschneiden. Auf jedes Quadrat 2 EL Füllung geben. Teigstücke diagonal zusammenklappen, Ränder leicht andrücken, mit verquirltem Eigelb bestreichen. Empanadas auf ein gefettetes Backblech legen, im vorgeheizten Ofen bei mittlerer Hitze 20 Minuten backen.

Zutaten

- 300 g feines Weizenvollkornmehl
- 1/2 TL Zucker
- 1/2 TL Salz
- 2 EL Olivenöl
- 100 ml lauwarme Milch
- 100 ml lauwarmes Wasser
- 1 Pck. Trockenhefe

Füllung:

- 300 g Zwiebeln, fein gehackt
- 5 Knoblauchzehen, fein gehackt
- 3 EL Olivenöl
- 1 grüne Paprika, kleine Würfel
- 1 Chilischote, fein gehackt
- 200 g fester, spanischer Schafskäse, gerieben
- 15 schwarze Oliven, kleine Stücke
- 1 EL Kapern, fein gehackt
- 1 Ei, Salz, 1 Eigelb

ALIOLI

KNOBLAUCHMAYONNAISE

Für 4 Personen (Foto S. 43)

Die ideale Sauce zu gegrilltem Gemüse – vertreibt garantiert sämtliche Vampire, die einsam durch die Nacht flattern.

Knoblauch mit Salz im Mörser zu einer geschmeidigen Paste zerstoßen. Eigelb und Zitronensaft unterrühren. Die Paste in eine Rührschüssel geben, mit dem Handrührgerät Öl zuerst tropfen-, dann teelöffelweise unterrühren, es soll eine dicke Creme entstehen.

ZUTATEN

- 10 Knoblauchzehen, grob gehackt
- 1/2 TL Salz
- 1 Eigelb
- 1 EL Zitronensaft
- 150 ml Olivenöl

ARROZ AMARILLO

SAFRANREIS MIT GEMÜSE

Für 4 Personen

Das safrangelbe Reisgericht wird in einer großen, flachen Paellapfanne zubereitet und serviert. Wer original spanisches Feiertagsgefühl erleben will, kocht im Freien über einem offenen Feuer.

2 EL Olivenöl erhitzen, Reis unter Rühren anbraten, bis alle Körner glänzend mit Öl überzogen sind. Mit Gemüsebrühe aufgießen, Safranfäden und Lorbeerblatt zwischen den Fingern zerreiben, zum Reis geben. Reis zugedeckt 30 Minuten köcheln. Während der Reis gart, das Gemüse zubereiten. Restliches Öl in einer Paellapfanne oder einem großen, flachen Topf erhitzen. Zwiebeln und Knoblauch unter Rühren anbraten. Paprika, Sellerie, Karotte, Lauch und Fenchel dazugeben, leicht salzen, 5 Minuten unter Rühren anbraten. Tomaten dazugeben, mit Paprikapulver, Chili, Oregano, Cumin und 1 EL Petersilie würzen, unter Rühren 5 Minuten etwas einkochen.
Reis mit Kochflüssigkeit unter das Gemüse mischen. Reis in ca. 20 Minuten weich köcheln, falls nötig noch etwas Gemüsebrühe nachgießen. Zum Schluß die Erbsen über den Reis streuen und 4 Minuten mit erhitzen. Wenn der Reis gar ist, Pfanne vom Herd nehmen, mit einem großen Küchentuch bedecken, 10 Minuten ausdampfen lassen, damit alle Flüssigkeit aufgesaugt wird. Gemüsereis mit restlicher Petersilie, Oliven und Zitronenachteln garniert servieren.

ZUTATEN

- 5 EL Olivenöl
- 250 g Naturreis (Rundkorn)
- 750 ml Gemüsebrühe
- 1 Döschen Safranfäden
- 1 Lorbeerblatt
- 1 Zwiebel, fein gehackt
- 6 Knoblauchzehen, dünne Scheiben
- 1 grüne Paprika, 1 cm breite Streifen
- 2 Stangen Sellerie, 1 cm breite Streifen
- 100 g Karotte, dünne Scheiben
- 100 g Lauch, 1 cm dünne Ringe
- 1 kleine Fenchelknolle, 1 cm breite Streifen
- Salz
- 4 Tomaten, abgezogen, Würfel
- 1/2 TL Paprikapulver edelsüß
- 1 Prise Chili
- 1/2 TL Oregano
- 1/2 TL Cumin
- 2 EL Petersilie, fein gehackt
- 100 g tiefgekühlte Erbsen
- 15 schwarze Oliven
- 1 Zitrone, Achtel

Natillas con uvas

Cremespeise mit Trauben

Für 4 Personen
Das Geheimnis dieser einfach zubereiteten Vanillecreme lautet: „Rühren, rühren und nochmals rühren!“

Die Vanillestangen längs aufschneiden. Das Mark mit einem kleinen Löffel herauskratzen. Milch mit Zimt, Vanillemark und Zitronenschale fast bis zum Kochen bringen.
Eigelb, Speisestärke und Zucker mit dem Handrührgerät blaßgelb und cremig schlagen. Heiße Vanillemilch langsam unter Rühren dazugießen. Die Mischung unter Rühren zum Kochen bringen, kurz aufkochen lassen, bis die Flüssigkeit leicht andickt.
Creme abkühlen lassen. Sahne steifschlagen, unter die Creme heben. Trauben in Portionsschälchen anrichten, mit der Creme übergießen.

Zutaten

- 3 Vanillestangen
- 500 ml Milch
- 1/4 TL Zimt
- abgeriebene Schale von 1/4 unbehandelten Zitrone
- 4 Eigelb
- 1 EL (gestrichen) Speisestärke
- 100 g brauner Zucker
- 100 ml Sahne
- 400 g Weintrauben

Sangria

Spanische Rotweinbowle

Für 4 Personen (Foto links)

Zitronen- und Orangensaft durch ein Sieb streichen, mit Rotwein, Weinbrand und Zucker vermischen. Pfirsich-, Aprikosen- und Apfelwürfel, Orangen- und Zitronenscheiben unterrühren und mindestens 1 Stunde im Kühlschrank kalt stellen.
Vor dem Servieren Bananenscheiben dazugeben, mit eiskaltem Sodawasser aufgießen. Sangria mit Eiswürfeln servieren.

Zutaten

- Saft von 1 Zitrone
- Saft von 4 Orangen
- 1 l Rotwein
- 5 EL Weinbrand
- 4 EL brauner Zucker
- 2 Pfirsiche, kleine Würfel
- 2 Aprikosen, kleine Würfel
- 1 Apfel, kleine Würfel
- 2 Orangen, geschält, Scheiben
- 1 unbehandelte Zitrone, Scheiben
- 1 Banane, Scheiben
- 300 ml eisgekühltes Sodawasser
- Eiswürfel

HOT DOGS
FRENCH FRIES
Super Specials
Tropical SHAKES

USA

Aus dem großen Melting Pot, und das ist die Küche der Vereinigten Staaten im wahrsten Sinne des Wortes, wird Phantasievolles und Originelles aufgetischt. Harmonisch treffen sich auf dem Teller die verschiedensten Eßkulturen. Typisches Beispiel: ein Erdnuß-Dip. In dieser cremigen Sauce auf Joghurtbasis verbinden sich Cumin und Koriander, wichtige Gewürze der arabischen Küche, mit einem Hauch fernöstlicher Sojasauce und mexikanischem Chili. Vom Mittelmeer kommen Knoblauch, Zitrone und frische Minze. Erdnußmus, dieses uramerikanische Grundnahrungsmittel, rundet das Ganze noch ab.

Finger licking good sind amerikanische Snacks, die schnellen kleinen Gerichte, die nichts mit standardisiertem Fast food zu tun haben. Trotzdem wird auch das kulinarische Erbe nicht vergessen, denn mit gebackenen Bohnen von der Ostküste oder einem Gumbo-Topf aus Louisiana erwachen Erinnerungen an die Pionierzeit.

Californiashake

Für 4 Gläser

Mit einem Schuß weißem Rum ein beschwingender, erfrischender Sommercocktail.

Alle Zutaten im Mixer fein pürieren, mit Eiswürfeln servieren.

Zutaten

- 1 reife Mango, Stücke
- 300 g Erdbeeren, 1 Banane
- 500 ml Orangensaft, frisch gepreßt, 200 ml kaltes Wasser

Erdnussdip mit Minze

Für 4 Personen

Kleine Vorspeise oder zwangloser Imbiß: Feine Gemüsestreifen und Cracker werden in cremige Dip-Saucen gestippt. So unkompliziert ist der American Way of Eating.

Cumin und Koriander in einer trockenen Pfanne kurz unter Rühren anrösten. Alle Zutaten mit dem Handrührgerät zu einer glatten Sauce rühren.

Dip zu feingeschnittenen Gemüsestäbchen reichen oder als Marinade zu Feldsalat mit grob geriebenen Karotten und Äpfeln.

Zutaten

- 1/2 TL Cumin
- 1/2 TL Koriander
- 400 g Joghurt
- 4 EL Erdnußmus
- 1–2 EL Sojasauce
- 1 EL Zitronensaft
- 2 Knoblauchzehen, fein gehackt
- 1 EL Minze, fein gehackt
- 1 Prise Chili
- abgeriebene Schale von 1/4 unbehandelten Zitrone
- Salz

Orangen-Aprikosen-Dip

Für 4 Personen

Streifen von Karotten, Fenchel und der in den USA sehr beliebte Stangensellerie vertragen sich gut mit diesem fruchtigen Dip. Damit es besonders einladend aussieht: beim Stangensellerie die hellgrünen Blättchen dran lassen.

Sauerrahm, Orangen- und Zitronensaft, Honig und Chili mit dem Handrührgerät glattrühren. Banane mit der Gabel fein zerdrücken und schaumig rühren. Bananen- und Sauerrahmcreme gut verrühren. Aprikosen und Mandelsplitter daruntermischen. Dip mit Salz abschmecken.

Der Orangen-Aprikosen-Dip eignet sich auch als Salatmarinade für Chicoréesalat mit etwas fein geriebenem Knollensellerie.

Zutaten

- 400 g Sauerrahm
- Saft von 1 großen Orange
- 2 EL Zitronensaft
- 1/2 TL Honig
- 1 Prise Chili
- 1 Banane
- 5 Aprikosen, sehr kleine Würfel
- 1 EL Mandelsplitter
- 1 Prise Salz

Salat mit Blue Cheese und Knoblauchcroûtons

Für 4 Personen

Blue Cheese, Edelschimmelkäse ist ein „All Time Favorit" in amerikanischen Salatschüsseln.

Ein Sommermenü:
- *Kalte Vichyssoise (S. 66)*
- *Salat mit Blue Cheese und Knoblauchcroûtons*
- *Hidden Strawberries (S. 69)*

Für die Vinaigrette Essig, Öl und Dijon-Senf mit der Gabel verrühren, mit den Kapern vermischen, mit Salz und Pfeffer abschmecken.
Für die Knoblauchcroûtons Brot mit gepreßtem Knoblauch bestreichen, leicht salzen, in kleine Würfel schneiden. Butter in einer Pfanne schmelzen. Brotwürfel unter Rühren knusprig braun braten.
Alle Salatzutaten in eine große Schüssel geben. Salat mit der Marinade vermischen, mit Knoblauchcroûtons bestreuen.

Zutaten

Vinaigrette:
- 2 EL Essig
- 5 EL Olivenöl
- 1 TL Dijon-Senf
- 1 TL Kapern, fein gehackt
- Salz, schwarzer Pfeffer

Knoblauchcroûtons:
- 3 Scheiben Vollkorntoast
- 2 Knoblauchzehen, gepreßt
- Salz
- 2 EL Butter

Salat:
- 1 kleiner Eissalat, Stücke
- 1 gelbe Paprikaschote, feine Streifen
- 1/3 Gurke, dünne Scheiben
- 3 Tomaten, kleine Schnitze
- 4 Champignons, dünne Scheiben
- 150 g Edelschimmelkäse, kleine Stücke
- 3 EL Alfalfasprossen oder Kresse
- 10 grüne Oliven

Schafskäsesalat

Für 4 Personen

Schafskäse mit einer pikanten, kräftig-roten Sauce aus winzigen Tomaten- und Paprikawürfeln.

Schafskäse auf einer Platte anrichten. Tomaten, Paprika, Knoblauch und Chili in eine Schüssel geben mit Olivenöl verrühren, mit Oregano, Basilikum und Salz würzen.
Die Gemüsesauce über den Schafskäse gießen, mit Oliven garnieren.

Zutaten

- 250 g Schafskäse (Feta), dünne Scheiben
- 4 Tomaten, kleine Würfel
- 1 gelbe Paprika, kleine Würfel
- 2 Knoblauchzehen, fein gehackt
- 1 rote Chilischote, fein gehackt
- 3 EL Olivenöl
- 1/2 TL Oregano
- 1/2 TL Basilikum
- Salz
- 12 schwarze Oliven

Salat „Fit for Fun“

Für 4 Personen

Orangen filetieren: Mit einem scharfen Messer die Orangenschale großzügig abschneiden, die bittere, weiße Haut dabei ganz entfernen. Orangenschnitze zwischen den Trennhäuten herausschneiden. Orangen immer über einer Schüssel filetieren, damit der heruntertropfende Saft aufgefangen wird.

Chicorée in eine große, flache Schüssel geben. Mango, Ananas, Orangen, Stangensellerie, Karotten, Frühlingszwiebeln und Cashewkerne dekorativ auf den Blättern arrangieren.
Alle Zutaten für die Marinade mit der Gabel gut verrühren.
Salat erst am Tisch mit der Marinade vermischen.

Zutaten

- 3 Chicorée, dünne Streifen
- 1 reife Mango, dünne Streifen
- 100 g Ananas, kleine Stücke
- 1 Orange, filetiert
- 1 Stange Sellerie, feine Scheiben, 1 kleine Karotte, streichholzgroße Stifte, 1 Frühlingszwiebel, feine Ringe
- 1 EL Cashewkerne, gehackt
- 1 EL geröstete Erdnüsse

Marinade:

- Saft von 1 Limone oder Zitrone, 1 EL Orangensaft
- 3 EL Öl, 1 Prise Chili
- 1/4 TL Ingwer, frisch gerieben
- 1 TL Honig

Rote und weisse Bällchen

Für 4 Personen (Foto rechts)

Hausgemachter, cremiger Frischkäse mit Cocktailtomaten.

Ein Sieb mit einem Küchentuch auslegen. Sieb über eine Schüssel hängen, Sauerrahm hineingießen. Im Kühlschrank den Sauerrahm zugedeckt 8 Stunden abtropfen lassen. Sauerrahm-Frischkäse mit Schnittlauch vermischen, mit Salz und Pfeffer würzen. Aus dem Käse kleine Kugeln in der Größe der Cocktailtomaten formen. Tomaten und Käsebällchen dekorativ auf einer großen Platte anrichten.

Zutaten

- 750 g Sauerrahm
- 1 Bund Schnittlauch, fein geschnitten
- Salz, Pfeffer
- 20 Cocktailtomaten

Cranberry-Orangen-Sauce

Preiselbeer-Orangen-Sauce

Für 6 – 8 Personen

Preiselbeermarmelade mit Orangensaft und Schale verrühren. Paßt zur Walnuß-Pilz-Pastete (S. 62).

Zutaten

- 200 g Preiselbeermarmelade
- Saft von 1 Orange, abgeriebene Schale von 1/4 unbehandelten Orange oder Zitrone

Walnuss-Pilz-Pastete

Für 6 – 8 Personen

Als Vorspeise zu Thanksgiving oder als Mittelpunkt eines eleganten, kalten Buffets. Am besten schmeckt die Pastete, wenn Sie über Nacht im Kühlschrank durchzieht. Dazu eine Cranberry-Orangen-Sauce *(S. 60).*

Steinpilze 1 Stunde in heißem Wasser einweichen, abgießen, putzen. In einer Pfanne 2 EL Butter schmelzen. Zwiebel und Knoblauch unter Rühren goldgelb braten. Brot, Steinpilze, Champignons und Walnüsse durch den Fleischwolf drehen. In einer großen Schüssel Zwiebel, Pilzfarce, 2 EL Butter, Ricotta, Eier, Cognac, Kräuter und Gewürze gut vermischen. Die Masse kräftig mit Salz und Pfeffer abschmecken. Butterbrotpapier mit Butter bestreichen, eine längliche Backform damit auslegen. Pastetenmasse einfüllen, mit Butterbrotpapier abdecken.

Die Pastete im vorgeheizten Ofen bei mittlerer Hitze ca. 1 1/2 Stunden backen. Wenn die Pastete etwas abgekühlt ist, auf ein Brett stürzen und Butterbrotpapier abziehen.

Zutaten

- 50 g getrocknete Steinpilze
- 4 EL Butter
- 1 Zwiebel, fein gehackt
- 3 Knoblauchzehen, fein gehackt
- 4 Scheiben Vollkorntoast, Stücke
- 500 g Champignons, große Stücke
- 150 g Walnußkerne, grob gehackt
- 150 g Ricotta oder Quark
- 3 Eier
- 3 EL Cognac
- 1 Bund Petersilie, fein gehackt
- 1 Prise Piment
- 1 Prise Muskat
- 1/2 TL Thymian
- 1/2 TL Oregano
- Salz, Pfeffer

Käseterrine „Little Italy"

Für 6 – 8 Personen

Eine viereckige, längliche Form mit Butterbrotpapier auskleiden. Den Boden der Form mit der Hälfte des Gorgonzolas belegen. Mascarpone mit Knoblauch, Paprikawürfeln, Stangensellerie, Karotten, Mandeln, Petersilie und Schnittlauch verrühren. Die Masse mit Salz und Pfeffer kräftig abschmecken. Die Hälfte der Mascarpone-Creme auf dem Käse verteilen. Restlichen Gorgonzola darauf legen, mit Mascarponecreme bestreichen.

Die Terrine auf eine Platte stürzen, mit Petersilie garnieren.

Zutaten

- 300 g Gorgonzola, dünne Scheiben
- 200 g Mascarpone
- 2 Knoblauchzehen, fein gehackt
- 1 rote Paprika, kleine Würfel
- 1 Stiel Stangensellerie, kleine Würfel
- 50 g Karotte, fein gerieben
- 3 EL Mandeln, fein gehackt
- 2 EL Petersilie, fein gehackt
- 2 EL Schnittlauch, fein gehackt
- Salz, Pfeffer
- einige Petersilienblättchen

Ziegenkäsetoast mit Basilikumsauce

Für 2 – 4 Personen

Dazu ein Glas trockenen, kalifornischen Rotwein und die Gäste sind mit minimalem Arbeitsaufwand maximal köstlich bewirtet.

Alle Zutaten für die Sauce verrühren. Toastbrotscheiben mit Butter dünn bestreichen, mit Käse belegen. Brote im vorgeheizten Ofen bei mittlerer Hitze 7 Minuten backen, bis der Käse zu schmelzen beginnt. Salatstreifen und je 1 EL Sauce auf den fertig gebackenen Toasts verteilen.

Zutaten

Sauce:
- 2 Tomaten, sehr kleine Würfel
- 1 Frühlingszwiebel, sehr feine Ringe, 2 Knoblauchzehen, fein gehackt
- 2 EL Basilikum, fein gehackt
- 1 TL Olivenöl, Salz, Pfeffer

Toast:
- 4 Scheiben Vollkornbrot
- 2 TL Butter
- 200 g weicher Ziegenkäse (Konsistenz von Camembert)
- 2 Blatt Eissalat, feine Streifen

The Original Tofuburger

Für 2 Personen

Ohne Burger geht's nicht, von Alaska bis Florida. Ohne Fleisch schon!

Tofu mit der Gabel zerdrücken, mit den restlichen Zutaten gut verkneten. Reichlich Öl in einer gußeisernen oder nicht haftenden Pfanne erhitzen. Kleine, flache Küchlein formen, im heißen Öl auf beiden Seiten knusprig goldbraun braten. Burger auf Küchenpapier abtropfen lassen. Alle Zutaten für die Sauce gut verrühren.

Brötchen mit Tofuburgern, Zwiebelringen, Tomatenscheiben, Salat und Gürkchen belegen. Obenauf einen Klacks pikante Sauce geben. Die Brötchen zuklappen und sofort servieren.

Zutaten

Tofu-Burger:
- 200 g Tofu
- 3 EL Karotten, grob gerieben
- 1 Frühlingszwiebel, feine Ringe
- 1 Knoblauchzehe, fein gehackt
- 1 – 2 EL Sojasauce
- 1/2 TL Paprikapulver, edelsüß
- 2 – 3 EL Semmelbrösel
- Öl zum Ausbacken

Pikante Sauce:
- 2 EL passierte Tomaten
- 1 TL scharfer Senf
- 1 TL Sojasauce
- 1 Prise Chili
- 1 Prise brauner Zucker

Burger:
- 2 Vollkorn-Sesam-Brötchen, aufgeschnitten
- 2 EL Zwiebeln, feine Ringe
- 4 Tomatenscheiben
- 2 Salatblätter
- 1 Essiggurke, dünne Scheiben

Toast „Frisco"

Für 2 – 4 Personen (Foto rechts)

Die USA sind auch das Land der unendlichen Toastvariationen. Die Kunst, zwei trockene, geröstete Brotscheiben in ein saftiges Eßvergnügen zu verwandeln, wurde hier zur Perfektion entwickelt.

Tomatenwürfel, Frühlingszwiebeln, Knoblauch, Chili, Oregano und Zitronensaft vermischen. Die Sauce mit Salz abschmecken. Toastbrote mit Butter bestreichen. Käse auf den Broten verteilen. Toasts im vorgeheizten Ofen bei mittlerer Hitze 6 Minuten überbacken. Toasts mit Salatblättern und Avocadoscheiben belegen. Tomatensauce auf den Toasts verteilen.

Zutaten

- 2 Tomaten, kleine Würfel
- 2 Frühlingszwiebeln, feine Ringe
- 1 Knoblauchzehe, fein gehackt
- 1 Prise Chili, $^1/_4$ TL Oregano
- 1 TL Zitronensaft, Salz
- 4 Scheiben Vollkorntoast
- 2 TL Butter
- 200 g junger Gouda, dünne Scheiben
- 4 Salatblätter
- 1 reife Avocado, feine Streifen

Submarine

Das Riesensandwich

Für 2 – 4 Personen

Der Gigant unter den belegten Brötchen. Ein Vollkornbaguette wird der Länge nach aufgeschnitten, mit Kräuterfrischkäse bestrichen, mit Omelett, Tomaten und Salat belegt, mit Meerettichsauce pikant gewürzt.

Für die Käsecreme und die Meerrettichsauce jeweils alle Zutaten zu einer glatten Creme verrühren.
2 Omeletts backen. Dafür je 2 Eier verquirlen mit Salz würzen. $^1/_2$ EL Butter in einer kleinen Pfanne erhitzen, Eier hineingießen, in der Pfanne verteilen. Wenn das Ei gestockt ist, Omelett zusammenklappen und noch einige Sekunden auf beiden Seiten goldgelb backen.
Eine Baguettehälfte mit Käsecreme bestreichen, mit Omelett, Tomaten und Salatblättern belegen. Meerrettichsauce darüber verteilen. Baguette zuklappen, in 4 Stücke schneiden. Sofort servieren.

Zutaten

Käsecreme:
- 250 g Frischkäse
- 3 EL Joghurt
- 4 EL tiefgekühlte, italienische Kräuter
- Salz

Meerrettichsauce:
- 5 EL Sauerrahm
- 2 EL Meerrettich, fein gerieben
- $^1/_2$ TL Zitronensaft
- Salz

Omelett:
- 4 Eier
- Salz
- 1 EL Butter

Baguette:
- 1 kleines Vollkornbaguette
- 3 Tomaten, feine Scheiben
- $^1/_3$ Gurke, feine Scheiben
- 4 Salatblätter, halbiert

Trib
THE WASHINGTON
European Parliament
certain to lose their majority in Vienna
for the first time since World War II.
About 5.8 million voters were eli-
gible to vote in the first European poll
held in Austria to fill the 21 seats al-
located to it in the European Parliament,
based in Strasbourg.
Gloom descended on the governing
Social Democrats of Chancellor Franz
as they headed for their worst
in a nationwide election since
first democratic polls, in
is a disaster," said Herbert
Social Democrat leader in
credibility has slipped
Freedom Party led by
campaigned against the
on European Union
single currency, tapping

Vichyssoise

Kalte Kartoffel-Lauch-Suppe

Für 4 Personen

Amerikas beliebteste kalte Suppe. Schnell und einfach zubereitet! Wenn es besonders heiß ist, Eiswürfel in die Suppe klirren lassen.

Gemüsebrühe zum Kochen bringen. Kartoffeln und Lauch dazugeben, zudeckt 7 Minuten köcheln. Die Gemüse sollen weich sein, aber nicht zerfallen. Suppe mit Sahne im Mixer oder mit dem Mixstab cremig pürieren, durch ein Sieb streichen. Suppe etwas abkühlen lassen, dann mindestens 3 Stunden im Kühlschrank kalt stellen. Suppe mit Salz und Pfeffer abschmecken, mit Petersilie garniert servieren.

Zutaten

- 1 l Gemüsebrühe
- 400 g Kartoffeln, kleine Würfel
- 400 g Lauch (unterer weißer Teil), längs halbiert, 1 cm breite Streifen
- 100 ml Sahne
- Salz, Pfeffer
- 2 EL Petersilie, fein gehackt

Baked Beans

Gebackene Bohnen

Für 4 – 6 Personen

Deftige Hausmannskost von der Ostküste der USA. Dazu Salat mit Blue-Cheese und Knoblauchcroûtons (S. 59) reichen.

Bohnen abgießen, abtropfen lassen, mit 800 ml kaltem Wasser zum Kochen bringen. Zugedeckt 1 Stunde kochen, bis die Bohnen weich sind. (Im Schnellkochtopf ca. 30 Minuten.) Am Ende der Garzeit soll die Kochflüssigkeit bis auf 200 ml eingekocht sein.

Öl in einer feuerfesten Form erhitzen. Zwiebel und Knoblauch unter Rühren goldgelb anbraten. Tomaten unterrühren, mit Oregano, Thymian und Muskat würzen. Die Sauce 5 Minuten köcheln. Senf, Rotwein und Zucker verrühren. Senfsauce, Bohnen und Kochflüssigkeit mit der Tomatensauce vermischen. Die Bohnen zugedeckt im vorgeheizten Ofen bei mittlerer Hitze 1 – 1 1/2 Stunden backen. Die Bohnen sollen von einer dicken, sämigen Sauce umgeben sein.

Zutaten

- 300 g Kidneybohnen, 6 Stunden eingeweicht
- 4 EL Öl
- 1 Zwiebel, fein gehackt
- 4 Knoblauchzehen, fein gehackt
- 500 g geschälte Tomaten aus der Dose, Stücke
- 1/2 TL Oregano
- 1/2 TL Thymian
- 1 gute Prise Muskat
- 1/2 EL Dijon-Senf
- 100 ml Rotwein
- 1 TL brauner Zucker
- Salz

TOMATENBOUILLON

Für 4 Personen

Die richtige Suppe für den „Light“ oder „Business Lunch“, damit nach dem Mittagessen nicht sämtliche Energie für die Verdauung verwendet werden muß und die Arbeitsmoral ins Bodenlose sinkt.

Gemüsebrühe zum Kochen bringen. Thymian, Pfeffer, Muskat, Oregano und Thymian dazugeben, zugedeckt 2 Minuten köcheln. Tomatenwürfel unterrühren. Suppe 3 Minuten köcheln. Suppe im Mixer oder mit dem Mixstab fein pürieren, durch ein Sieb streichen.

Suppe nochmals erhitzen, mit Salz abschmecken, Butter und Sherry unterrühren. Suppe mit Basilikum garniert servieren.

ZUTATEN

- 750 ml Gemüsebrühe
- 1 kleiner Zweig Thymian
- Pfeffer
- 1 Prise Muskat
- 1/2 TL Oregano
- 1/2 TL Thymian
- 500 g reife Tomaten, abgezogen, Würfel
- Salz
- 1 EL Butter
- 1 EL Medium Dry Sherry
- 2 EL Basilikum, feine Streifen

JOE'S FAVORIT SPAGHETTI

SPAGHETTI MIT SPINAT, TOMATEN UND SCHAFSKÄSE

Für 2 – 3 Personen

Joe, leidenschaftlicher Skater aus LA, kocht so schnell wie er fährt. Zu diesem Blitzgericht haben ihn inspiriert: seine italienische Großmutter, der griechische Nachbar und Carmen, eine mexikanische Freundin.

Spaghetti in reichlich Salzwasser al dente kochen, abgießen, abtropfen lassen.

Während die Spaghetti garen, die Sauce zubereiten. Angetauten Spinat in mundgerechte Stücke schneiden. In einer großen Pfanne 2 EL Öl erhitzen, Knoblauch und Chili unter Rühren kurz anbraten. Frühlingszwiebeln dazugeben, unter Rühren 2 Minuten braten. Tomaten dazugeben, leicht salzen, unter Rühren 4 Minuten braten. In einer kleinen Pfanne restliches Olivenöl erhitzen. Spinat unter Rühren kurz anbraten, mit Koriander würzen, mit Salz abschmecken.

Die heißen, gut abgetropften Spaghetti in einer vorgewärmten Schüssel mit Gemüse, Käse, Kräutern und Oliven vermischen. Die Nudeln sofort servieren.

ZUTATEN

- 200 g Spaghetti
- Salz
- 300 g tiefgekühlter Blattspinat
- 3 EL Olivenöl
- 4 Knoblauchzehen, fein gehackt
- 1 grüne Chilischote, fein gehackt
- 4 Frühlingszwiebeln, feine Ringe
- 3 Tomaten, abgezogen, kleine Würfel
- 1 Prise Koriander
- 100 g Schafskäse (Feta), kleine Stücke
- 3 EL tiefgekühlte, italienische Kräuter
- 10 schwarze Oliven

Gemüsegumbo

Für 4 – 6 Personen

Zentrum der feurigen Cajun-Küche ist New Orleans, die Hauptstadt des Jazz. Typisch für diese Kochkultur, die in den unwegsamen Flußlandschaften Louisianas entstand, sind Gumbos, reichhaltige Eintöpfe mit einer kräftigen, dunklen Sauce.
Verbindende Basis dieser Sauce ist eine Roux, eine dunkle Mehlschwitze, die Europäern aus der traditionellen Küche bestens vertraut ist. Kein Wunder, neben Afrikanern und Indianern rührten auch die Franzosen kräftig in den Cajun-Töpfen mit.

Gemüsebrühe zum Kochen bringen. Bohnen in ca. 7 Minuten darin al dente kochen. Bohnen in ein Sieb abgießen. Gemüsebrühe auffangen.
Öl in einem flachen Topf mit dickem Boden erhitzen. Mehl bei mittlerer Hitze sehr langsam unter Rühren hellbraun anrösten. (Das Mehl darf nicht dunkelbraun werden, sonst wird die Sauce bitter).
Zwiebel, Knoblauch, Paprika, Sellerie und Chili hinzufügen, unter Rühren 3 Minuten anbraten. Tomaten, passierte Tomaten, Sojasauce und Kochflüssigkeit hinzufügen. Glatt rühren, mit Lorbeer, Oregano und Thymian würzen, in 20 – 30 Minuten zu einer sämigen Sauce köcheln, ab und zu umrühren. Bohnen in die Sauce mischen. Kurz erhitzen. Gumbo mit Zitronensaft abschmecken, mit Petersilie garniert servieren. Dazu Reis reichen.

Zutaten

- 800 ml Gemüsebrühe
- 500 g grüne Bohnen, 5 cm lange Stücke
- 3 EL Öl
- 40 g Mehl
- 1 Zwiebel, fein gehackt
- 2 Knoblauchzehen, fein gehackt
- 1 grüne Paprika, kleine Würfel
- 2 Stiele Stangensellerie, kleine Würfel
- 1 – 2 grüne Chilischoten, fein gehackt
- 2 Tomaten, abgezogen, Würfel
- 200 ml passierte Tomaten (Fertigprodukt)
- 2 EL Sojasauce
- 1 Lorbeerblatt
- 1/2 TL Oregano
- 1/2 TL Thymian
- 1/2 – 1 EL Zitronensaft
- 2 EL Petersilie, fein gehackt

Erdnuss-Orangen-Eis

Für 4 Personen

„I scream, you scream, we all scream for ice-cream!" lautet die Antwort auf die Frage nach dem beliebtesten Dessert der Neuen Welt.

Erdnußmus, Orangen- und Zitronensaft, Orangenschale, Zimt und Honig mit dem Handrührgerät cremig rühren.
Sahne mit Vanillezucker sehr steif schlagen, unter die Erdnußcreme rühren. Die Masse in einer flachen Schüssel zugedeckt 2 Stunden in das Tiefkühlfach stellen, alle 20 Minuten kräftig umrühren, darauf achten, daß sich am Schüsselrand keine feste Eisschicht bildet.

Zutaten

- 4 EL Erdnußmus
- Saft von 2 Orangen
- 1 EL Zitronensaft
- abgeriebene Schale von 1/4 unbehandelten Orange oder Zitrone
- 1/4 TL Zimt
- 2 EL Honig
- 100 ml Sahne
- 1 Pck. Natur-Vanillezucker

Hidden Strawberries

Erdbeeren in Orangengelee

Für 4 Personen
Sie können die versteckten Erdbeeren auch in Portionsförmchen zubereiten.

Erdbeeren nebeneinander mit der Spitze nach oben in eine flache Form setzen.
Orangensaft durch ein feines Sieb streichen, in einen Topf gießen, mit Zucker und Zimt vermischen. Agar-Agar-Pulver mit Wasser glattrühren. Orangensaft in einem kleinen Topf zum Kochen bringen. Agar-Agar mit dem Schneebesen in den Saft rühren, kurz aufkochen. Die Flüssigkeit vorsichtig über die Erdbeeren gießen, etwas abkühlen, dann zugedeckt 3 Stunden im Kühlschrank fest werden lassen.
Sahne mit Kardamom und Vanillezucker steifschlagen. Erdbeergelee in Scheiben oder Würfel schneiden, auf Desserttellern anrichten, mit Schlagsahne garnieren.

Zutaten

- 500 g große Erdbeeren, geputzt
- 1 l Orangensaft, frisch gepreßt
- 2–3 EL brauner Zucker
- 1 Prise Zimt
- 1 1/2 TL Agar-Agar-Pulver
- 3 EL kaltes Wasser
- 125 ml Sahne
- 1 Prise Kardamom
- 1 TL Natur-Vanillezucker

Überbackene Pfirsiche mit Creme Hawaii

Für 4 Personen

Eine flache Auflaufform mit 1 TL Butter ausstreichen. Pfirsiche mit der Schnittfläche nach oben nebeneinander in die Form setzen. Pinienkerne, Datteln und Honig vermischen, die Masse in die Früchte füllen. Restliche Butter auf der Füllung verteilen. Pfirsiche mit Cognac beträufeln. Pfirsiche im vorgeheizten Ofen bei mittlerer Hitze 15–18 Minuten backen. Für die Creme Hawaii alle Zutaten mit dem Handrührgerät zu einer glatten Creme rühren. Die Creme zu den heißen Pfirsichen reichen.

Zutaten

Pfirsiche:
- 1 EL Butter
- 4 große Pfirsiche, halbiert, entsteint
- 30 g Pinienkerne
- 8 getrocknete Datteln, kleine Stücke
- 1 EL Honig
- 2 EL Cognac

Creme Hawaii:
- 100 g Mascarpone
- 2 EL Kokosflocken
- 2 EL Honig
- Saft von 1 großen Orange
- abgeriebene Schale von 1/4 unbehandelten Zitrone

COTTAGECHEESE-PANCAKES

HÜTTENKÄSE-PFANNKUCHEN

Für 2 – 3 Personen (Foto links)
Mit goldenem Ahornsirup ein nahrhaftes amerikanisches Frühstück. Mit Heidelbeercreme ein süßes Hauptgericht.

Eier trennen. Eiweiß sehr steif schlagen. Hüttenkäse mit Mehl, Eigelb und Salz verrühren. Den Eischnee unter die Masse heben. Etwas Butter in einer gußeisernen oder nicht haftenden Pfanne erhitzen. Eine kleine Schöpfkelle Teig in die Pfanne gießen. Pfannkuchen auf beiden Seiten knusprig braun braten.

ZUTATEN

- 3 Eier
- 200 g Hüttenkäse
- 2 EL Weizenvollkornmehl, fein gemahlen
- 1/4 TL Salz
- 4 EL Butter

HEIDELBEERCREME

Für 4 Personen
Schmeckt auch mit Himbeeren.

Sauerrahm, Ricotta, Joghurt, Vanillezucker, Zimt und Honig glattrühren. Kurz vor dem Servieren die Heidelbeeren unterheben.

ZUTATEN

- 250 g Sauerrahm
- 100 g Ricotta oder Quark
- 50 g Joghurt
- 2 Pck. Natur-Vanillezucker
- 1 gute Prise Zimt
- 1 – 2 EL Honig
- 100 g Heidelbeeren

ERDBEERSAUCE

Für 4 Personen
Amerikanische Desserts sind farbenfrohe Gesamtkunstwerke. Darum die Erdbeersauce zu Cottagecheese-Pancakes und auch zu Eis und überbackenen Pfirsichen reichen.

Erdbeeren mit Orangensaft und Honig im Mixer oder mit dem Mixstab fein pürieren und durch ein Sieb streichen. Das Fruchtmus in einem kleinen Topf unter Rühren kurz erhitzen.

ZUTATEN

- 500 g Erdbeeren
- Saft von 1 Orange
- 2 EL Honig

MEXIKO

Tortillas – wer sich erst einmal auf diese, zugegeben recht unscheinbaren Fladen aus Mittelamerika eingelassen hat, kommt nicht mehr von ihnen los. Denn bei näherer Bekanntschaft entpuppt sich die Tortilla, das Indianerbrot aus Mais oder Weizen, als Grundlage unzähliger Gerichte. Tortillas mit Salat, Käse und Bohnen belegt, zusammengeklappt und aus der Hand gegessen, heißen Quesadillas, ein Imbiß, der vom Kleinkind bis zu den Großeltern jeden begeistert. Mit Spinat und Pilzen gefüllt, mit Cremesauce überbacken, werden bescheidene Tortillas zu luxuriösen Enchiladas. In Stücke geschnitten und fritiert, verwandeln sich die dünnen Fladen in Chips, die man über Salate und Suppen streut.

Zu den Tortillas gehört, wie das Tüpfelchen auf das i, die Salsa picante, eine scharfe, kalte Sauce. Salsa picante steht vom frühen Morgen bis zum späten Abend auf dem Tisch und bringt feuriges, mexikanisches Temperament in jedes Essen.

SALSA PICANTE

SCHARFE SAUCE

Für 6 – 8 Personen

Ohne Salsa ist die mexikanische Küche undenkbar. Für Salsa Picante gibt es keinen Ersatz. Sie kommt zu jeder Mahlzeit auf den Tisch.

Tomaten, Zwiebel, Knoblauch und Chili durch den Fleischwolf drehen oder sehr fein hacken. Cumin und Oregano in einer trockenen Pfanne kurz anrösten, in die Salsa mischen. Die Sauce mit Salz abschmecken.

ZUTATEN

- 400 g Tomaten
- 1 kleine Zwiebel, Stücke
- 2 Knoblauchzehen
- 4 grüne Chilischoten
- 1/2 TL Cumin, 1 TL Oregano
- 1/2 TL Salz

GUACAMOLE

AVOCADOCREME

Für 4 Personen

Ein mexikanisches Leibgericht. Als Snack oder Vorspeise mit Salsa Picante und Tortillachips, als Füllung von Quesadillas oder zu Salaten. Guacamole erst kurz vor dem Essen zubereiten. Avocado verfärbt sich schnell braun.

Avocado mit der Gabel fein zerdrücken, mit Limettensaft und Schale, Knoblauch, Cumin und Piment verrühren. Avocadocreme mit Tomate, Gurke, Frühlingszwiebel und Koriandergrün vermischen. Guacamole mit Salz abschmecken.

ZUTATEN

- 1 große, reife Avocado
- Saft von 1/2 – 1 Limette oder Zitrone, abgeriebene Schale von 1/4 unbehandelten Limette oder Zitrone
- 2 Knoblauchzehen, fein gehackt
- 1/2 TL Cumin, 1 Prise Piment
- 1 Tomate, sehr kleine Würfel
- 2 EL Gurke, sehr kleine Würfel, 1 Frühlingszwiebel, fein gehackt
- 1 EL Koriandergrün oder Petersilie, fein gehackt, Salz

TORTILLACHIPS

Für 4 Personen

In Mexiko werden übriggebliebene Tortillas vielfältig verwertet, z.B. als Knabberchips oder als knusprige Suppeneinlage.

Tortillas wie eine Torte in Segmente schneiden. Reichlich Öl erhitzen, Tortillastücke rundum knusprig braun braten. Auf Küchenkrepp abtropfen lassen, leicht salzen, sofort servieren.

ZUTATEN

- 3 Tortillas aus Weizenmehl (S. 77)
- Öl zum Ausbacken
- Salz

Melonensalat

Für 4 Personen
Ein milder, saftiger Auftakt für ein scharfes, mexikanisches Essen.

Sauerrahm mit Orangen- und Limetten- oder Zitronensaft glattrühren. Die Sauce mit Salz abschmecken.
Melone portionsweise auf Salatblättern anrichten, mit der Rahmsauce übergießen, mit Erdnüssen, Selleriescheiben und Frühlingszwiebeln bestreuen.

Zutaten

- 100 g Sauerrahm
- 2 EL Orangensaft, 1 TL Limetten oder Zitronensaft
- Salz
- 1 Netz- oder Honigmelone, Kugeln oder dünne Scheiben
- 4 Salatblätter
- 2 EL geröstete Erdnüsse
- 1 Stange Sellerie, feine Scheiben, 1 Frühlingszwiebel, feine Ringe

Ensalada de vitaminas

Vitaminsalat

Für 4 Personen

Ananas, Karotten, Sellerie, Pinienkerne und Rosinen in eine große Schüssel geben. Aus Orangen-, Limetten- oder Zitronensaft, Öl, Zucker und Salz eine Marinade anrühren. Salat mit der Marinade vermischen, portionsweise auf Salatblättern anrichten.

Zutaten

- 300 g Ananas, sehr kleine Stücke
- 300 g Karotten, grob gerieben
- 2 Stangen Sellerie, feine Scheiben, 2 EL Pinienkerne
- 1 EL Rosinen
- Saft von 1 großen Orange
- 1 EL Limetten- oder Zitronensaft
- 2 EL Öl, 1 TL brauner Zucker, 1 Prise Salz
- einige große Salatblätter

Essigzwiebeln

Für 4 Personen
Sie eignen sich gut zum Verfeinern von Quesadillas, schmecken zum Bohneneintopf und statt roher Zwiebel im Salat.

Zwiebel in eine kleine Schüssel geben. Essig, Wasser und Salz vermischen, über die Zwiebel gießen. Zwiebel mindestens 1 Stunde durchziehen lassen. Abgießen, abtropfen lassen.

Zutaten

- 1 weiße Zwiebel, feine Ringe
- 3 EL Weißwein- oder Apfelessig
- 100 ml kaltes Wasser
- $^{1}/_{2}$ TL Salz

Hafersuppe aus Tijuana

Für 4 – 6 Personen

Eine einfache Suppe, die ihren besonderen Reiz frischem Koriandergrün verdankt. Ein Gewürz, dessen Duft durch die Küchen Mexikos zieht.

Haferflocken auf ein Backblech geben, im vorgeheizten Ofen bei mittlerer Hitze 10 Minuten anrösten, zweimal wenden. (Die Haferflocken brennen leicht an.)
Butter schmelzen, Zwiebeln und Knoblauch in 10 Minuten glasig dünsten. Cumin, Oregano und Muskat hinzufügen, kurz unter Rühren erhitzen. Mit Brühe aufgießen, zugedeckt 30 Minuten köcheln. Haferflocken, Tomaten und Chili in die Suppe geben, zugedeckt ca. 10 Minuten köcheln, bis die Haferflocken weich sind, aber nicht zerfallen. Suppe mit Koriandergrün bestreut servieren.

Zutaten

- 60 g Haferflocken
- 80 g Butter
- 200 g Zwiebeln, fein gehackt
- 4 Knoblauchzehen, fein gehackt
- 1/2 TL Cumin
- 1/2 TL Oregano
- 1 Prise Muskat
- 1 l Gemüsebrühe
- 250 g Tomaten, abgezogen, Kerne entfernt, kleine Stücke
- 2 grüne Chilischoten, fein gehackt
- Salz
- 1 – 2 EL Koriandergrün, fein gehackt

Salat mit Käse und Tortillachips

Für 4 Personen

Ein sommerliches Hauptgericht. Statt Tortillachips aus der häuslichen Produktion können Sie auch gekaufte Mais-Chips über den Salat streuen. Für besondere Gelegenheiten noch einen Klacks Guacamole auf den Salat geben.

Alle Salatzutaten in eine große Schüssel geben. Die Zutaten für die Marinade gut verrühren. Salat mit der Marinade vermischen und portionsweise auf großen Tellern anrichten. Tortillachips über den Salat streuen. Salat sofort servieren.

Zutaten

Salat:

- 1/2 Romanosalat, mundgerechte Stücke
- 6 Radieschen, dünne Scheiben
- 1 Stange Sellerie, dünne Scheiben
- 1 grüne Paprika, feine Streifen
- 2 Tomaten, kleine Schnitze
- 1/4 Gurke, kleine Würfel
- 100 g Emmentaler, kleine Würfel
- 10 schwarze Oliven
- 1 rote Zwiebel, dünne Ringe

Marinade:

- Saft von 1/2 Limette oder Zitrone
- 1 EL Essig
- 5 EL Öl
- 1 Knoblauchzehe, fein gehackt
- 1 Prise Chili
- 1/4 TL Oregano
- Salz
- 1 Rezept Tortillachips (S. 74)

Tortillas aus Weizen

Für 4 – 8 Personen

Aus Nordmexiko kommen Tortillas aus Weizen. Weizentortillas lassen sich, im Gegensatz zu Maistortillas, auch zu Hause einfach zubereiten. Tortillas, die nahrhafte Grundlage einer Vielzahl von Gerichten, wie Quesadillas und Enchiladas, werden auch pur, wie Brot zu jedem Essen verspeist.

Mehl, Öl und Salz in eine große Schüssel geben. Wasser langsam dazugießen, in 10 Minuten einen festen, geschmeidigen Teig kneten oder alle Zutaten in die Teigknetmaschine geben und 5 Minuten kneten. Teig zugedeckt 20 Minuten ruhen lassen. Etwas Mehl auf einen flachen Teller geben. Aus dem Teig 16 gleich große Teigbällchen formen. Bällchen leicht plattdrücken, im Mehl wenden und mit dem Nudelholz eine kreisrunde, dünne Tortilla (ca. 16 cm Durchmesser) ausrollen. Während des Ausrollens die Tortilla immer wieder wenden. Eine trockene gußeiserne oder nicht haftende Pfanne erhitzen. Die Tortilla auf beiden Seiten kurz backen (je 1 – 2 Minuten), bis sich hellbraune Pünktchen bilden. Wenn die Tortillas nicht gleich gegessen werden, sofort nach dem Backen in ein leicht angefeuchtetes Küchentuch wickeln, damit sie weich bleiben. Tortillas vor dem Essen nochmals kurz in der Pfanne erhitzen.

Zutaten

- 200 g Weizenvollkornmehl, fein gemahlen
- 200 g Weizenmehl (Type 1050)
- 70 ml Öl
- 1/2 TL Salz
- 200 – 250 ml lauwarmes Wasser
- Mehl zum Ausrollen

Desajuno mexicano

Mexikanisches Frühstück

Für 2 – 4 Personen

Eine der weltbesten Frühstückskombinationen liefert Energie für den neuen Tag! Besonders kräftigend nach einer durchfeierten Nacht.

Eier verquirlen, leicht salzen. Butter in einer kleinen Pfanne erhitzen. Eier hineingießen, ein lockeres Rührei braten. Rühreier und heiße Bohnen portionsweise auf Teller geben. Dazu Salsa picante und frisch gebackene Tortillas reichen.

Zutaten

- 4 Eier
- Salz, 2 EL Butter
- 200 g Bohneneintopf (S. 78)
- 1 Schälchen Salsa picante (S. 74)
- 4 frisch gebackene Weizentortillas (s.o.)

Frijoles

Bohneneintopf

Für 4 Personen

Das macht den stärksten Mann satt: Bohneneintopf, garniert mit Sauerrahm, dazu feurige Salsa picante und reichlich Tortillas oder noch besser Quesadillas.

Bohnen 6 Stunden in kaltem Wasser einweichen, abgießen, abtropfen lassen. Bohnen mit 1 Liter kaltem Wasser zum Kochen bringen, zugedeckt in 1 – 1 1/2 Stunden weich kochen (Im Schnellkochtopf 30 Minuten.)
Öl in einem flachen Topf erhitzen. Zwiebeln 15 Minuten andünsten. Knoblauch, Cumin und Koriander dazugeben, unter Rühren bei starker Hitze kurz anrösten. Tomatenmark, Oregano und Paprikapulver dazugeben, mit dem Bohnenkochwasser aufgießen, alles gut verrühren. Die Flüssigkeit 15 Minuten köcheln, mit Salz abschmecken. Bohnen untermischen, noch einige Zeit köcheln, bis die Bohnen von einer sämigen Sauce umgeben sind. Mit Salz abschmecken. Sauerrahm zu den Bohnen reichen.

Zutaten

- 300 g Wachtelbohnen
- 4 EL Öl
- 2 Zwiebeln, fein gehackt
- 4 Knoblauchzehen, fein gehackt
- 1 TL Cumin
- 1 TL Koriander
- 4 EL Tomatenmark
- 1 TL Oregano
- 1 TL Rosenpaprika
- Salz
- 200 g Sauerrahm

Avocadosalat „Acapulco"

Für 4 Personen (Foto rechts)

Damit der Genuß stimmt, müssen die Avocados butterweich sein. Darum harte Avocados in Zeitungspapier wickeln und einige Tage nachreifen lassen.

Avocado, Paprika, Tomaten und Frühlingszwiebeln in eine Schüssel geben. Alle Zutaten für die Marinade gut verrühren. Damit die Avocado nicht zerfällt, den Salat vorsichtig mit der Marinade vermischen. Oder Gemüse dekorativ portionsweise anrichten, mit der Marinade begießen.

Zutaten

- 2 reife Avocados, dünne Scheiben
- 1 gelbe Paprika, feine Streifen
- 4 Tomaten, Schnitze
- 2 Frühlingszwiebeln, feine Ringe

Marinade:

- Saft von 1 Limette oder Zitrone
- 4 EL Öl
- 1 Knoblauchzehe, fein gehackt
- 1 EL Koriandergrün oder Petersilie, fein gehackt
- abgeriebene Schale von 1/4 unbehandelten Limette oder Zitrone
- Salz, schwarzer Pfeffer

Grüne Quesadillas

Für 2 Personen

Damit die Tortillas gelingen, muß die Pfanne aus Gußeisen oder nicht haftendem Material sein.

Spinat in einen Topf geben, leicht salzen. Zugedeckt bei mittlerer Hitze in 3 Minuten zusammenfallen und in einem Sieb abtropfen lassen. Spinat leicht ausdrücken, in mundgerechte Stücke schneiden.
Öl in einer Pfanne erhitzen. Knoblauch darin kurz anbraten. Spinat hinzufügen, unter Rühren kurz anbraten, leicht salzen. Käse auf den Tortillas verteilen. Tortillas zusammenklappen. Die Quesadillas in einer trockenen gußeisernen oder nicht haftenden Pfanne auf beiden Seiten kurz backen, bis der Käse schmilzt.
Quesadillas auf einen Teller geben, aufklappen, mit Spinat, Tomate, Frühlingszwiebeln und Salsa picante füllen. Zusammenklappen, sofort essen.

Zutaten

- 200 g Spinat
- Salz
- 2 EL Olivenöl
- 4 Knoblauchzehen, fein gehackt
- 200 g Schafskäse (Feta), kleine Stücke
- 4 Tortillas
- 1 Tomate, kleine Würfel
- 1 Frühlingszwiebel, feine Ringe
- 2–4 EL Salsa picante (S. 74)

Quesadillas mit Bohnen

Für 2 Personen

Ein Klassiker der handfesten, mexikanischen Küche. Tortilla gefüllt mit Bohnen, Käse, Zwiebeln und Salsa Picante.

Käse auf den Tortillas verteilen. Tortillas zusammenklappen, in einer trockenen gußeisernen oder nichthaftenden Pfanne auf beiden Seiten kurz backen, bis der Käse schmilzt.
Quesadillas auf einen Teller geben, aufklappen, mit Bohnen, Zwiebeln und Salsa picante füllen. Quesadillas zusammenklappen, sofort essen.

Zutaten

- 150 g junger Gouda, gerieben
- 4 Tortillas
- 10 EL heißer Bohneneintopf (S. 78)
- 2 Zwiebeln, feine Ringe oder Essigzwiebeln (S. 75)
- 2–4 EL Salsa picante (S. 74)

Quesadillas fundamentales

Für 4 Personen

Wer es einmal gekostet hat, kann nicht mehr davon lassen! Weizentortillas werden mit Käse belegt, zusammengeklappt und nochmals kurz gebacken. Dann mit Salat, Gemüse und scharfer Sauce gefüllt.

Käse auf den Tortillas verteilen. Tortillas zu einem Halbkreis zusammenklappen. Quesadillas in einer trockenen gußeisernen oder nicht haftenden Pfanne auf beiden Seiten kurz backen, bis der Käse schmilzt.
Quesadillas auf einen Teller legen, öffnen, mit Salat, Tomaten, Frühlingszwiebeln, Guacamole und Salsa picante füllen. Quesadillas zusammenklappen, sofort essen.

Zutaten

- 8 Weizentortillas
- 300 g Cheddar oder junger Gouda, gerieben
- 4 Blatt Eissalat, feine Streifen
- 2 Tomaten, dünne Scheiben
- 2 Frühlingszwiebeln, feine Ringe
- 8 EL Guacamole (S. 74)
- 8–16 EL Salsa picante (S. 74)

Quesadillas mit Schafskäse

Für 4 Personen

Wenn Sie Gäste einladen, rechnen Sie pro Person mindestens mit 2 Quesadillas. Es wurden auch schon Gäste beobachtet, die 8 Quesadillas verspeist haben.

Käse auf den Tortillas verteilen. Tortillas zusammenklappen, in einer trockenen gußeisernen oder nicht haftenden Pfanne auf beiden Seiten kurz backen, bis der Käse schmilzt.
Quesadillas auf einen Teller geben, öffnen, mit Paprika, Gurke, Essigzwiebeln und schwarzen Oliven füllen, obenauf einen Klacks Salsa picante geben. Quesadillas zusammenklappen.

Zutaten

- 300 g Schafskäse (Feta), kleine Stücke
- 8 Weizentortillas
- 1 rote Paprika, feine Streifen
- 1/3 Gurke, feine Stifte
- 1 Rezept Essigzwiebeln (S. 75)
- 16 schwarze Oliven, entsteint
- 8–16 EL Salsa picante (S. 74)

Nachos

Für 2 Personen

Tortillachips (aus Mais) und Bohnen mit Käse überbacken, garniert mit Sauerrahm und Salsa picante.

Eine kleine, flache Form kranzförmig mit Tortillachips auslegen. Heiße Bohnen in die Mitte geben, mit Käse bestreuen. Nachos im vorgeheizten Ofen bei starker Hitze kurz überbacken, bis der Käse schmilzt. Nachos mit Salatstreifen bestreuen, Sauerrahm und Salsa picante darauf verteilen.

Zutaten

- 1 Handvoll Tortillachips
- 300 g Bohneneintopf (S. 78)
- 50 g junger Gouda, gerieben
- 2 Blätter Eissalat, feine Streifen
- 4 EL Sauerrahm
- 2–4 EL Salsa picante (S. 74)

Huevos rancheros

Eier auf Gutsherrenart

Für 2 – 4 Personen (Foto rechts)

Spiegeleier mit pikanter Tomatensauce auf fritierten Tortillas. Dazu wird starker Kaffee getrunken. Stärkt für einen verwegenen Ritt über die Hacienda – und für den nächsten Stadtbummel.

1 EL Öl in einer Pfanne erhitzen, Zwiebeln, Knoblauch und Chili unter Rühren goldgelb braten. Paprikawürfel dazugeben, leicht salzen, unter Rühren 3 Minuten braten.Tomaten, Paprikapulver und Piment dazugeben. In 10 Minuten eine dicke Sauce kochen, ab und zu umrühren. Mit Salz abschmecken. Butter in einer großen Pfanne erhitzen. 4 Spiegeleier braten, leicht salzen. Zur selben Zeit reichlich Öl erhitzen, Tortillas auf beiden Seiten knusprig braun backen. (Je Seite 1 – 2 Minuten.) Tortillas auf Küchenkrepp kurz abtropfen lassen.
Huevos Rancheros werden portionsweise angerichtet. Eine Tortilla auf einen großen Teller legen. Etwas Tomatensauce darauf verteilen, Spiegelei darauf setzen, mit Koriandergrün bestreuen. Wer's besonders üppig mag, gibt noch einige Avocadoscheiben auf die Tortillas.

Zutaten

- 1 EL Öl
- 1 Zwiebel, fein gehackt
- 4 Knoblauchzehen, fein gehackt
- 2 grüne Chilischoten, fein gehackt
- 1/2 grüne Paprika, kleine Würfel
- Salz
- 400 g Tomaten, abgezogen, Würfel
- 1/4 TL Paprikapulver, edelsüß
- 1 Prise Piment
- 2 EL Butter
- 4 Eier
- Öl zum Ausbacken
- 4 Tortillas
- 1 EL Koriandergrün oder Petersilie, fein gehackt

Enchilada-Sauce

Für 4 – 6 Personen

Schnell und einfach gekochte Sauce zum Überbacken von Enchiladas.

Tomaten, Zwiebel, Knoblauch und Chilischoten mit Zucker, Oregano, Cumin und Koriander im Mixer fein pürieren. Die Sauce mit Salz abschmecken. Öl in einem Topf erhitzen, Sauce dazugießen, zum Kochen bringen, unter Rühren 4 Minuten kochen.

Zutaten

- 800 g geschälte Tomaten aus der Dose mit Tomatensaft
- 1 Zwiebel, Stücke
- 4 Knoblauchzehen
- 3 grüne Chilischoten, Stücke
- 1/2 EL brauner Zucker
- 1 TL Oregano
- 1 TL Cumin
- 1 TL Koriander
- Salz
- 2 EL Öl

Enchiladas mit Bohnen und Käse

Für 4 Personen

Enchiladas, gefüllte, aufgerollte, mit scharfer Sauce überbackene Tortillas sind ideal, um Gäste zu bewirten. Sie lassen sich gut vorbereiten, und nach Ankunft der Gäste werden die Enchiladas nur noch mit der Sauce übergossen und in den Ofen gesteckt.

Bohnen in einem kleinen Topf erhitzen, unter Rühren dick einkochen. Eine flache Auflaufform mit Butter ausstreichen. Käse und Bohnen auf den Tortillas verteilen. Tortillas aufrollen, nebeneinander in die Form legen. Mit der heißen Enchilada-Sauce übergießen, im vorgeheizten Ofen bei mittlerer Hitze 25–30 Minuten überbacken. Auf jede Enchilada 1 EL Sauerrahm geben, mit Paprikawürfeln und Frühlingszwiebeln garnieren. Auch zu diesen Enchiladas paßt Salsa Picante (S. 74).

Zutaten

- 400 g Bohneneintopf (S. 78)
- 1 EL Butter
- 8 Tortillas
- 300 g Cheddar oder Emmentaler, gerieben
- 1 Rezept Enchilada-Sauce (S. 82)
- 8 EL Sauerrahm
- 4 EL rote Paprika, kleine Würfel
- 2 Frühlingszwiebeln, feine Ringe

Enchiladas mit Spinat und Schafskäse

Für 4 Personen

Ein Schlemmergericht, das aus Sparsamkeit entstand. Übrige Tortillas werden, in einem Tuch eingewickelt, weichgehalten und am nächsten Tag als Enchiladas gefüllt und überbacken.

Frischen Spinat mit etwas Salz in einen großen Topf geben. Zugedeckt in 3 Minuten bei mittlerer Hitze zusammenfallen und in einem Sieb abtropfen lassen. Spinat leicht ausdrücken. (Tiefgekühlten Blattspinat antauen, in einem Siebeinsatz über Wasserdampf 3 Minuten erhitzen.) Spinat in mundgerechte Stücke schneiden.

Spinat, Schafskäse, Frühlingszwiebeln und 16 Oliven auf den Tortillas verteilen. Tortillas aufrollen. Eine flache Auflaufform mit Butter ausstreichen. Enchiladas nebeneinander hineinlegen. Enchilada-Sauce über die Enchiladas gießen. Enchiladas im vorgeheizten Ofen bei mittlerer Hitze 25-30 Minuten überbacken. Sahne sehr steif schlagen, mit dem Sauerrahm vermischen. Auf jede Enchilada etwas Sahnecreme und 1 Olive geben. Sofort servieren.

Zutaten

- 800 g frischer oder tiefgekühlter Blattspinat
- Salz
- 300 g Schafskäse (Feta), kleine Stücke
- 3 Frühlingszwiebeln, feine Ringe
- 24 schwarze Oliven
- 8 Weizentortillas
- 1 EL Butter
- 1 Rezept Enchilada-Sauce (S. 82)
- 100 ml Sahne
- 4 EL Sauerrahm

Enchiladas mit Pilzen und Frühlingszwiebeln

Für 4 Personen

Langeweile kommt nie auf, wenn es Enchiladas gibt. Zur Abwechslung werden diese Enchiladas mit einer Cremesauce überbacken.

Öl in einer großen Pfanne erhitzen. Knoblauch, Pilze und Frühlingszwiebeln dazugeben, leicht salzen, unter Rühren 4 Minuten anbraten. Eine flache Auflaufform mit Butter ausstreichen. Gemüse, 250 g Käse und Petersilie auf den Tortillas verteilen. Tortillas aufrollen, nebeneinander in die Form setzen. Enchilada-Sauce mit Sahne vermischen, mit Salz abschmecken, über die Enchiladas gießen. Enchiladas mit dem restlichen Käse bestreuen, im vorgeheizten Ofen bei mittlerer Hitze 25–30 Minuten überbacken. Enchiladas mit Koriandergrün bestreut servieren.

Zutaten

- 2 EL Öl
- 3 Knoblauchzehen, fein gehackt
- 500 g Champignons, dünne Scheiben
- 4 Frühlingszwiebeln, 5 mm breite Ringe
- Salz
- 1 EL Butter
- 300 g junger Gouda, gerieben
- 2 EL Petersilie, fein gehackt
- 8 Tortillas
- 1/2 Rezept Enchilada-Sauce (S. 82)
- 200 ml Sahne

Patatas en salsa roja

Kartoffeln in roter Sauce

Für 4 Personen

Dazu Salat mit Käse und Tortillachips reichen.

Die ganzen Paprikaschoten in reichlich Salzwasser zugedeckt in 20 Minuten weich kochen, abgießen, abtropfen lassen. Stiele und Kerne entfernen, mit Crème fraîche im Mixer oder mit dem Mixstab fein pürieren. Das Paprikapüree durch ein Sieb streichen.

In einer Pfanne 2 EL Öl erhitzen. Zwiebel unter Rühren goldbraun braten. Knoblauch, Chili, Cumin, Koriander, Piment und Oregano hinzufügen, unter Rühren kurz anrösten. Mit Paprikapüree aufgießen, mit Rosenpaprika würzen, mit Salz abschmecken, zugedeckt 5 Minuten köcheln.

Restliches Öl in einer gußeisernen oder nicht haftenden Pfanne erhitzen. Kartoffeln unter Rühren 3 Minuten anbraten, leicht salzen. Mit der Paprikasauce aufgießen, 3 Minuten köcheln. Kartoffeln in eine Schüssel geben, mit Koriandergrün garnieren. Schmeckt auch gut mit geriebenem Schafskäse bestreut.

Zutaten

- 3 rote Paprikaschoten
- 100 g Crème fraîche
- 4 EL Öl
- 1 Zwiebel, fein gehackt
- 3 Knoblauchzehen, fein gehackt
- 1 Chilischote, fein gehackt
- 1/2 TL Cumin
- 1/2 TL Koriander
- 1 Prise Piment
- 1/2 TL Oregano
- 1 TL Rosenpaprika
- Salz
- 750 g Kartoffeln, gekocht, Schnitze
- 1 EL Koriandergrün oder Petersilie, fein gehackt

Vanille-Blitzcreme

Für 4 Personen

Zu Fruchtsalat, Ananasgratin und Kokosreis mit Pfirsichen

Sahne sehr steif schlagen. Sahne, Sauerrahm und Vanillezucker mit dem Rührlöffel vermischen.

Zutaten

- 125 g Sahne
- 250 g Sauerrahm
- 2 Pck. Natur-Vanillezucker

Kokosreis mit Pfirsichen

Für 4 – 6 Personen (Foto links)

Bereiten Sie für dieses üppige Dessert aus Yucatan die Kokosmilch statt mit Wasser mit Milch zu.

Reis 3 Stunden in kaltem Wasser einweichen, abgießen, abtropfen lassen. Reis mit Kokosmilch, Zimt, Zitronenschale und Zucker in einem flachen Topf mit dickem Boden zum Kochen bringen. Zugedeckt in ca. 45 Minuten weich köcheln. Wenn notwendig, noch etwas Milch hinzufügen. Reis etwas abkühlen, im Kühlschrank vollkommen erkalten lassen. Pfirsiche einen Moment in kochendes Wasser legen, abgießen und die Haut abziehen. Pfirsiche in kleine Würfel schneiden. Dessert portionsweise anrichten: In Gläser abwechselnd Kokosreis, Pfirsichwürfel und Vanille-Blitzcreme geben. Mit Vanillecreme abschließen, mit einigen Pfirsichwürfeln garnieren.

Zutaten

- 200 g Rundkorn-Naturreis
- 600 ml Kokosmilch (S.128)
- 2 Stangen Zimt
- abgeriebene Schale von 1 unbehandelten Zitrone oder Limette
- 2 EL brauner Zucker
- 4 Pfirsiche
- 1 Rezept Vanille-Blitzcreme (s.o.)

Ananasgratin „Merida“

Für 4 Personen

Frische Ananas mit einem Bananenguß überbacken.

Eine flache Auflaufform mit Butter ausstreichen. Ananasscheiben nebeneinander in die Form legen, mit Zucker und Pinienkernen bestreuen, mit Rum benetzen. Bananen mit der Gabel fein zerdrücken, mit Sauerrahm, Eiern und Zimt glattrühren. Die Sauce über die Ananasscheiben gießen. Das Gratin im vorgeheizten Ofen 15 – 20 Minuten bei mittlerer Hitze backen.

Zutaten

- 1 TL Butter
- 500 g Ananas, 1 cm dünne Scheiben
- 1 EL brauner Zucker
- 2 EL Pinienkerne
- 3 EL Rum
- 2 reife Bananen
- 60 g Sauerrahm
- 2 Eier
- 1/2 TL Zimt

KARIBIK

Bunt und farbenfroh wie die Landschaft ist auch das Essen auf den karibischen Inseln. Vom Klima begünstigt, gedeihen hier im Überfluß tropische Früchte wie Ananas, Papaya, Avocados und Mangos, dazu das schlanke Zuckerrohr für hundertundeine Rumsorten. In den Gemüsegärten herrschen paradiesische Zustände, unter Kokospalmen grasen Michkühe, das ganze Jahr blühen die Zitrushaine und tragen gleichzeitig saftige Limetten, Orangen und Grapefruits.

Die karibische Küche, derart reich beschenkt von der Natur, schöpft auch bei Gewürzen und Kräutern aus dem Vollen. So würzt den sehr pikanten Pfeffertopf eine Currymischung, dazu Piment, Muskat und frischer Koriander. Zimt macht die Kürbissuppe angenehm rund, Brunnenkresse, Basilikum, Thymian und Frühlingszwiebeln beleben sowohl Salate als auch Saucen, und frische Minze bringt die Limetten im Rum-Drink erst richtig zur Geltung.

Pfirsich-Daiquiri

Für 1 Glas (Foto rechts)

Pfirsich mit Rum, Limettensaft, Zucker und Eiswasser im Mixer fein pürieren. Das Getränk durch ein Sieb streichen. Eiswürfel in ein hohes Glas geben, den schäumenden Drink darübergießen.

Zutaten

- 1 reifer Pfirisch, Stücke
- 2 cl weißer Rum
- Saft von 1 Limette
- 1 TL brauner Zucker
- 150 ml Eiswasser
- Eiswürfel

Havanna-Cocktail

Für 1 Glas (Foto rechts)

Exotische Früchte, Kokoscreme und Rum: Nach diesem Drink hört man die Palmen rauschen. Kokoscreme in Dosen gibt es in gut sortierten Lebensmittelgeschäften.

Ananas mit Kokoscreme, Wasser, Zucker, Orangen- und Limettensaft pürieren und durch ein Sieb gießen. Den Drink mit Rum vermischen. Eiswürfel in ein hohes Glas geben, darauf einige Mangostücke. Mit dem Fruchtcocktail aufgießen.

Zutaten

- 100 g Ananas, kleine Stücke
- 1/2 EL Kokoscreme
- 150 ml Eiswasser
- 1 TL brauner Zucker
- Saft von 2 Orangen
- 1 TL Limetten- oder Zitronensaft
- 2 cl weißer Rum
- Eiswürfel
- 2 EL Mango, kleine Würfel

Bananen-Mango-Cocktail

Für 1 Glas (Foto rechts)

Alle Zutaten im Mixer fein pürieren. In einem hohen, langstieligen Glas servieren. Auch dieser Cocktail verträgt einen Schuß Rum.

Zutaten

- 1/2 Banane, 100 g Mango, kleine Stücke, 150 ml Blutorangensaft, 1 TL Limetten- oder Zitronensaft, 1 TL Honig, 100 ml Eiswasser

Papayadrink

Für 1 Glas (Foto rechts)

Papaya, Orangen- und Limettensaft, Honig und Eiswasser im Mixer fein pürieren. Eiswürfel in ein hohes Glas geben, Fruchtcocktail darübergießen.

Zutaten

- 100 g Papaya, kleine Stücke, 150 ml Orangensaft, frisch gepreßt, 1 TL Limetten- oder Zitronensaft, 1 TL Honig
- 50 ml Eiswasser, Eiswürfel

Limetten-Kokos-Cocktail mit Minze

Für 1 Glas (Foto S. 91)

Erfrischend wie ein Bad im türkisfarbenen karibischen Meer.

Limettensaft und Schale, Zucker, Kokoscreme und Eiswasser im Mixer oder mit dem Mixstab vermischen. Eiswürfel und Pfefferminze in ein hohes Glas geben. Limetten-Kokos-Cocktail darübergießen. Limettenscheibe bis zur Mitte einschneiden, an den Glasrand stecken. Drink mit Strohhalm servieren.

Zutaten

- Saft von 2 Limetten
- etwas abgeriebene Schale von 1 unbehandelten Limette
- 2 TL brauner Zucker
- 1 EL Kokoscreme
- 250 ml Eiswasser
- Eiswürfel
- 1 kleiner Zweig Pfefferminze
- 1 Scheibe Limette

Salat mit Avocadodressing

Für 4 Personen

Brunnenkresse, man mag es kaum glauben, ein typisch karibisches Kräutlein, würzt diesen Salat.

Kopfsalat, Gurken und Tomaten portionsweise auf großen Tellern anrichten.

Avocado, Sauerrahm, Zitronensaft und Chili im Mixer oder mit dem Mixstab fein pürieren. Die Sauce mit Salz abschmecken. Sauce über den Salat gießen.

Salat mit Brunnenkresse und Frühlingszwiebeln garnieren.

Zutaten

- 1 kleiner Kopfsalat
- 1/2 Gurke, feine Scheiben
- 3 Tomaten, kleine Schnitze
- 1 reife Avocado, Stücke
- 4 EL Sauerrahm
- Saft von 1/2–1 Zitrone
- 1 Prise Chili, Salz
- 1 kleines Bund Brunnenkresse
- 1 Frühlingszwiebel, feine Ringe

Mango-Erdnuss-Cocktail

Für 3 – 4 Personen

Eine Vorspeise, die im Handumdrehen fertig ist.

Mango, Erdnüsse und Frühlingszwiebel in eine Schüssel geben. Orangen- und Limettensaft mit Chili und etwas Salz verrühren.

Den Salat mit der Sauce vermischen. Den Mango-Erdnuß-Cocktail portionsweise auf Salatblättern anrichten.

Zutaten

- 1 große, reife Mango, dünne Streifen
- 2 EL geröstete Erdnüsse
- 1 Frühlingszwiebel, feine Ringe
- Saft von 1 Orange
- Saft von 1/2 Limette
- 1/2 rote Chilischote, fein gehackt
- Salz
- 4 große Salatblätter

Reissalat „Puerto Rico“

Für 4 Personen

Ein erfrischendes Essen für heiße Tage: Reissalat „Puerto Rico“, Salat mit Avocadodressing und Mango-Erdnuß-Cocktail.

Aus Orangen- und Limettensaft, Limettenschale, Chili und Salz eine Marinade anrühren. Reis und Rosinen mit der Marinade vermischen. 1 Stunde durchziehen lassen. Reissalat mit den restlichen Zutaten vermischen. Den Salat mit Salz abschmecken.

Zutaten

- Saft von 2 Orangen
- Saft von 1 Limette oder Zitrone
- abgeriebene Schale von 1/4 unbehandelten Limette oder Zitrone
- 1 Prise Chili
- Salz
- 1/2 Rezept Kokosreis, abgekühlt (S. 101)
- 2 EL Rosinen
- 2 Stangen Sellerie, feine Scheiben
- 200 g Ananas, kleine Stücke
- 2 EL Mandelsplitter
- 1 Frühlingszwiebel, feine Ringe
- 1 EL Koriandergrün oder Petersilie, fein gehackt

Westindische Gemüsesuppe

Für 4 Personen

Eine bunte Gemüseauswahl wandert in den großen Suppentopf. Für die richtige Würze sorgen Knoblauch, Chili, Muskat, Thymian und frisches Koriandergrün.

Öl in einem hohen Topf erhitzen. Knoblauch, Ingwer und Chili unter Rühren kurz anbraten. Mit der Gemüsebrühe aufgießen, zum Kochen bringen. Tomaten, Kartoffeln, Karotte, Stangensellerie, Lauch, Kürbis, Muskat und Thymian hinzufügen. Die Suppe zugedeckt 15 Minuten köcheln.
Die letzten 2 Minuten die Maiskörner miterhitzen. Suppe mit Koriandergrün bestreut servieren.

Zutaten

- 2 EL Öl
- 3 Knoblauchzehen, fein gehackt
- 1 TL Ingwer, fein gehackt
- 1/2 rote Chilischote, fein gehackt
- 1 l Gemüsebrühe
- 300 g Tomaten, abgezogen, kleine Stücke
- 100 g Kartoffeln, Würfel
- 1 Karotte, dünne Scheiben
- 2 Stangen Sellerie, dünne Scheiben
- 100 g Lauch, feine Ringe
- 100 g Kürbis, Würfel
- 1 Prise Muskat
- 1/2 TL Thymian
- 100 g Maiskörner (aus der Dose)
- 1 EL Koriandergrün oder Petersilie, fein gehackt

Spinat-Mango-Salat

Für 2 Personen

Zusätzliches Aroma erhält der Salat durch geröstete Kokosflocken. Wenn Sie den Salat für 4 Personen zubereiten und die Zutatenmenge verdoppeln, müssen Sie den Spinat in 2 Portionen zubereiten.

Aus Limettensaft, Chili, Ingwer und Salz eine Marinade anrühren.

In einem großen, flachen Topf das Öl erhitzen. Spinat dazugeben, leicht salzen. Den Spinat im heißen Öl mit zwei Kochlöffeln wenden, bis er anfängt zusammenzufallen (ca. 1 Minute). Die Blätter müssen noch knackig, aber rundum mit heißem Öl überzogen sein.

Spinat mit Mangostreifen, Karottenstiften und der Marinade vermischen, mit Frühlingszwiebeln und Cashewkernen bestreuen.

Zutaten

- Saft von 1 Limette oder Zitrone
- 1 Prise Chili
- 1/4 TL Ingwer, fein gehackt
- Salz
- 3 EL Öl
- 200 g Spinat
- 1/2 reife Mango, feine Streifen
- 1/2 Karotte, feine Stifte
- 1 Frühlingszwiebel, feine Ringe
- 1 EL Cashewkerne, gehackt

Salat „Tobago“

Für 4 Personen

Den Einfluß der verschiedensten Eßkulturen auf die karibische Küche schmeckt man in diesem Salat: Cardamom, Koriander und Ingwer aus Indien, Sojasauce aus China, Knoblauch und Karotte aus Europa, Chili und Kokos von den indianischen Ureinwohnern.

In einer trockenen Pfanne Kokosflocken und Gewürze kurz unter Rühren anrösten. Zitronenschale und Salz unterrühren, sofort vom Herd nehmen, in eine kleine Schüssel geben.

Für die Vinaigrette alle Zutaten verrühren.

Salat und Gemüse in eine Schüssel geben. Mit der Vinaigrette vermischen und mit Kokosflocken bestreuen.

Zutaten

- 1 EL Kokosflocken
- 1/4 TL Koriander, 1 Prise Cardamom, 1 Prise Chili
- abgeriebene Schale von 1/4 unbehandelten Zitrone
- Salz

Vinaigrette:

- 1 EL Sojasauce, 1 EL Essig
- 1 EL Limettensaft, 3 EL Öl
- 1/2 TL Ingwer, fein gehackt
- 1 Knoblauchzehe, fein gehackt
- Salz

Salat:

- 1 kleiner Eissalat, Stücke
- 1 rote Paprikaschote, feine Streifen
- 1 Karotte, 2 mm feine Stifte
- 1 Stange Sellerie, feine Scheiben
- 1 Grapefruit, Filets
- 1 Frühlingszwiebel, feine Ringe

Gratinéed Cornmeal Dumplings

Maisklösschen mit Käse überbacken

Für 4 Personen

Gemüsebrühe zum Kochen bringen. Maisgrieß, Muskat, Piment, Thymian, Zitronenschale und 30 g Butter einrühren. In 5 Minuten unter Rühren einen dicken Brei kochen. Brei vom Herd nehmen. 1 Ei verquirlen und untermischen. Brei etwas auskühlen lassen, das zweite Ei verquirlen, mit dem Mehl in die Grießmasse rühren.
Mit eingeölten Händen Klößchen von 4 cm Durchmesser formen. Reichlich Salzwasser zum Kochen bringen, Klößchen einlegen. 8 Minuten im leicht siedenden Wasser ziehen lassen. Klößchen mit dem Schaumlöffel herausheben, abtropfen lassen. Klößchen in eine mit Butter bestrichene, flache Form setzen und mit Käse bestreuen. Im vorgeheizten Ofen 10 Minuten bei starker Hitze überbacken. Dazu scharfe Tomatensauce reichen.

Zutaten

- 500 ml Gemüsebrühe
- 150 grober Maisgrieß
- 1 Prise Muskat
- 1 Prise Piment
- 1/2 TL Thymian
- abgeriebene Schale von 1/4 unbehandelten Zitrone
- 50 g Butter
- 2 Eier
- 2–3 EL Mehl, Salz
- 100 g Emmentaler, gerieben

Bubbling hot Tomatosauce

Scharfe Tomatensauce

Für 4 Personen

Öl in einer Pfanne erhitzen. Zwiebeln, Knoblauch und Chili unter Rühren anbraten. Paprika dazugeben, leicht salzen, unter Rühren 3 Minuten braten. Tomaten, Thymian, Oregano und braunen Zucker hinzufügen, mit Salz abschmecken. In 15 Minuten zu einer dicken Sauce einkochen. Ab und zu umrühren. Koriandergrün in die Sauce mischen.

Zutaten

- 3 EL Öl
- 2 Zwiebeln, fein gehackt
- 4 Knoblauchzehen, fein gehackt
- 2 rote Chilischoten fein gehackt
- 1 grüne Paprika, kleine Würfel
- Salz
- 500 g Tomaten, geschält, kleine Stücke
- 1/2 TL Thymian
- 1/2 TL Oregano
- 1 TL brauner Zucker
- 1 EL Koriandergrün oder Petersilie, fein gehackt

KOKOSSUPPE „BARBADOS“

Für 4 Personen

Nur zarte grüne Gemüse schwimmen in dieser Suppe mit dem feinen Kokos-Zitronen-Aroma.

Öl erhitzen. Knoblauch unter Rühren kurz anbraten. Lauch hinzufügen, leicht salzen, unter Rühren 2 Minuten anbraten. Mit Wasser und Kokosmilch aufgießen. Mit Gemüsebrühe, Zitronenschale, Chili und Muskat würzen.
Suppe zum Kochen bringen, zugedeckt 5 Minuten köcheln. Spinat und Zucchini in die Suppe rühren, noch 2 Minuten leicht kochen. Suppe vom Herd nehmen, mit Zitronensaft abschmecken.

ZUTATEN

- 2 EL Öl
- 2 Knoblauchzehen, fein gehackt
- 200 g Lauch, feine Ringe
- 700 ml Wasser
- 300 ml Kokosmilch (S. 128)
- 2 Würfel Gemüsebrühe
- abgeriebene Schale von $^{1}/_{4}$ unbehandelten Zitrone
- 1 Prise Chili
- 1 Prise Muskat
- 100 g Spinat, mundgerechte Stücke
- 100 g Zucchini, kleine Würfel
- 1 EL Zitronensaft

POTAGE CRÈME DE COURGE

KÜRBISCREMESUPPE

Für 4 – 6 Personen

Pralle Kürbisse lachen die Käufer auf den überquellenden karibischen Gemüsemärkten an. Mit dem Ergebnis, daß eine Vielzahl der köstlichsten Kürbisrezepte entwickelt wurde.

Kürbis, Tomaten, Kokosmilch, Knoblauch, Ingwer, Gemüsebrühe, Piment, Muskat, Zimt, Chili und Rosenpaprika in einen Topf mit dickem Boden geben, zum Kochen bringen. Suppe zugedeckt 20 Minuten köcheln, ab und zu umrühren. Suppe im Mixer oder mit dem Mixstab fein pürieren, durch ein Sieb streichen. Zurück in den Topf geben, nochmals kurz erhitzen. Sahne unterrühren. Suppe mit Salz abschmecken, mit Koriandergrün garniert servieren.

ZUTATEN

- 1 kg Kürbis, Würfel
- 200 g Tomaten, Stücke
- 500 ml Kokosmilch (S. 128)
- 4 Knoblauchzehen
- 1 TL Ingwer, fein gehackt
- 1 – 2 Würfel Gemüsebrühe
- 1 Prise Piment
- 1 Prise Muskat
- 1 Prise Zimt
- 1 Prise Chili
- $^{1}/_{2}$ TL Rosenpaprika
- 4 EL Sahne
- Salz
- 1 EL Koriandergrün oder Petersilie, fein gehackt

Geeiste Orangen-Limetten-Suppe

Für 4 Personen
Mit frischem Ingwer wird diese kühlende Suppe für heiße Inseltage zubereitet.

Orangen- und Limettensaft durch ein Sieb streichen. In einem kleinen Topf den Saft mit Gemüsebrühe, Limettenschale, Ingwer, Piment, Muskat und Chili vermischen. Suppe mit Salz abschmecken.
Agar-Agar mit 2 EL Wasser glattrühren. Suppe zum Kochen bringen. Agar-Agar-Lösung einrühren, kurz aufkochen. Suppe in eine Schüssel gießen, abkühlen lassen, ab und zu umrühren. Vor dem Servieren 20 Minuten in das Gefriergerät stellen. Suppe mit Orangenscheiben garniert servieren.

Zutaten

- 500 ml Orangensaft, frisch gepreßt
- Saft von 1 Limette
- 500 ml Gemüsebrühe
- abgeriebene Schale von 1/4 unbehandelten Limette
- 1/2 TL Ingwer, fein gerieben
- 1 Prise Piment
- 1 Prise Muskat
- 1 Prise Chili
- Salz
- 1/4 TL Agar-Agar-Pulver
- dünne Orangenscheiben

Kalte Avocadocremesuppe

Für 2 – 3 Personen
Muß bald nach der Zubereitung verspeist werden, denn die Avocado verfärbt sich schnell braun.

Butter in einer kleinen Pfanne schmelzen, Brotwürfel unter Rühren knusprig braun braten.
Avocado, Knoblauch, Gemüsebrühe, Sauerrahm, Limettensaft und Schale, Chili, Piment und Eiswürfel im Mixer oder mit dem Mixstab zu einer glatten Suppe pürieren. Die Suppe mit Salz abschmecken.
Portionsweise anrichten. Mit je 1/2 EL Gurken-, Paprika- und Tomatenwürfel garnieren. Mit Koriandergrün und Frühlingszwiebeln bestreuen.

Zutaten

- 1 EL Butter
- 2 Scheiben Vollkorntoast, kleine Würfel
- 2 reife Avocados, Stücke
- 2 Knoblauchzehen
- 300 ml eisgekühlte Gemüsebrühe
- 200 g Sauerrahm
- Saft von 1 Limette oder Zitrone
- abgeriebene Schale von 1/4 unbehandelten Limette oder Zitrone
- 1 Prise Chili, 1 Prise Piment
- 6 Eiswürfel
- Salz
- 2 EL Gurke, sehr kleine Würfel
- 2 EL rote Paprika, sehr kleine Würfel
- 2 EL Tomate, sehr kleine Würfel
- 1 EL Koriandergrün, fein gehackt
- 1 Frühlingszwiebel, feine Ringe

Kürbis-Käse-Soufflé

Für 4 Personen
Zum locker, leichten Soufflé paßt die Limetten-Pfeffer-Sauce (S. 100).

Kürbis in einen Dämpfeinsatz geben. Zugedeckt über Wasserdampf 20 Minuten garen. Der Kürbis soll weich sein, darf aber nicht zerfallen. Kürbis durch ein Sieb passieren.
Öl erhitzen, Zwiebel unter Rühren goldgelb braten. Paprika und Chili hinzufügen, leicht salzen, 2 Minuten unter Rühren braten. Kürbispüree mit Zwiebel-Paprika-Mischung, Käse, Eigelb und Mehl vermischen, mit Ingwer, Limettenschale, Muskat und Piment würzen. Mit Salz abschmecken. Eiweiß mit einer Prise Salz sehr steifschlagen unter die Soufflémasse heben. Vier kleine Souffléförmchen (oder eine große Form) mit Butter ausstreichen. Die Masse 3/4 hoch einfüllen. Soufflé im vorgeheizten Ofen bei mittlerer Hitze 25–30 Minuten backen. Sofort servieren.

Zutaten

- 800 g Kürbis, große Stücke
- 2 EL Öl
- 1 Zwiebel, fein gehackt
- 1 rote Paprika, sehr kleine Würfel
- 1 rote Chilischote, fein gehackt
- Salz
- 100 g Emmentaler, fein gerieben
- 4 Eier
- 1 EL Mehl
- 1 TL Ingwer, gerieben
- abgeriebene Schale von 1/2 unbehandelten Limette oder Zitrone
- 1 Prise Muskat
- 1 Prise Piment
- 1 EL Butter

Gemüse „Trinidad"

Für 4 Personen (Foto rechts)
Kürbis, Tomaten, Paprika und Stangensellerie schmoren traut vereint mit roten Bohnen in einer würzigen Sauce. Dazu milden Kokosreis (S. 101) reichen.

Öl in einem flachen Topf erhitzen, Zwiebeln, Knoblauch und Ingwer unter Rühren 5 Minuten anbraten. Paprikaschote hinzufügen, leicht salzen, unter Rühren 2 Minuten braten. Kürbis und Stangensellerie hinzufügen. Gemüse bei schwacher Hitze 5 Minuten im eigenen Saft dünsten. Tomaten, Gemüsebrühe, Bohnen, Paprika, Piment, Zimt und Lorbeerblatt dazugeben. Das Gemüse vermischen, zugedeckt 30 Minuten bei milder Hitze köcheln. Ab und zu umrühren. Gemüse vom Herd nehmen, mit Limettensaft würzen, mit Petersilie bestreuen.

Zutaten

- 2 EL Öl
- 1 Zwiebel, feine Ringe
- 4 Knoblauchzehen, fein gehackt
- 1 TL Ingwer, fein gehackt
- 1 rote Paprikaschote, 1 cm breite Streifen, Salz
- 300 g Kürbis, 1 cm große Würfel
- 2 Stangen Sellerie, 1 cm breite Scheiben
- 300 g Tomaten, abgezogen, Würfel
- 200 ml Gemüsebrühe
- 200 g gekochte rote Bohnen
- 1 TL Paprikapulver, edelsüß
- 1 Prise Piment
- 1 Prise Zimt
- 1 Lorbeerblatt
- 1 EL Limetten- oder Zitronensaft
- 1 EL Petersilie, fein gehackt

Limetten-Pfeffer-Sauce

Für 6 Personen

Zu Gemüsegerichten, Bohnen, Reis, gebratenen Bananen – diese Sauce befeuert jedes karibische Essen.

Öl in einer kleinen Pfanne erhitzen. Zwiebeln und Knoblauch unter Rühren goldgelb braten. Tomaten, Chilischoten, Gemüsebrühe, Limettenschale, Zucker, Zimt, Muskat und Piment dazugeben. Zugedeckt 10 Minuten köcheln.
Die Sauce im Mixer oder mit dem Mixstab fein pürieren, durch ein Sieb streichen. Mit Limettensaft vermischen, mit Salz abschmecken.

Zutaten

- 3 EL Öl
- 2 Zwiebeln, fein gehackt
- 3 Knoblauchzehen, fein gehackt
- 2 Tomaten, Stücke
- 4–6 rote Chilischoten, fein gehackt
- 100 ml Gemüsebrühe
- abgeriebene Schale von 1/2 unbehandelten Limette oder Zitrone
- 1 TL brauner Zucker
- 1/4 TL Zimt, 1 Prise Muskat, 1 Prise Piment
- Saft von 1 Limette oder Zitrone

Pfeffertopf mit Kokosmilch

Für 4 Personen

Wo der Pfeffer wächst, gedeihen auch Paprika, Kartoffeln, Mais, Tomaten, Erbsen und Spinat. Sie simmern in einer mit Curry und Limettensaft gewürzten Kokos-Tomatensauce. Dazu wird Reis oder überbackene Maisklößchen gegessen.

Öl in einem großen, flachen Topf erhitzen. Zwiebeln 10 Minuten andünsten. Knoblauch, Chili, Piment, Muskat und Curry hinzufügen, unter Rühren kurz anrösten. Paprika, Kartoffeln und Mais mit der Zwiebelmischung verrühren, leicht salzen, kurz anbraten.
Gemüse mit Kokosmilch aufgießen, mit Gemüsebrühe würzen, zum Kochen bringen, zugedeckt 15 Minuten köcheln. Tomaten hinzufügen, das Gemüse noch 15 Minuten köcheln. Gegen Ende der Garzeit aufdecken und die Sauce etwas einkochen lassen. Erbsen und Spinat unterrühren, noch 3 Minuten bei schwacher Hitze garen.
Gemüse vom Herd nehmen, mit Limettensaft würzen, mit Salz abschmecken, mit Koriandergrün bestreuen.

Zutaten

- 2 EL Öl
- 2 Zwiebeln, feine Ringe
- 4 Knoblauchzehen, fein gehackt, 2–3 rote Chilischoten, fein gehackt
- 1 Prise Piment, 1 Prise Muskat
- 2 TL Currypulver
- 1 rote Paprika, 1 cm breite Streifen, 1 grüne Paprika, 1 cm breite Streifen
- 200 g Kartoffeln, 1 cm dicke Scheiben
- 2 Maiskolben, 6 cm lange Stücke
- 300 ml Kokosmilch (S. 128)
- 1 Würfel Gemüsebrühe
- 700 g Tomaten, abgezogen, Stücke
- 100 g tiefgekühlte Erbsen
- 100 g Spinat, mundgerechte Stücke
- 1 EL Limettensaft
- Salz
- 1 EL Koriandergrün oder Petersilie, fein gehackt

Kokosreis

Für 4 Personen

Damit der Reis gelingt und körnig locker wird, brauchen Sie einen flachen Topf mit dickem Boden und gut schließendem Deckel.

Reis 6 Stunden im kalten Wasser einweichen, abgießen, gut abtropfen lassen.
Öl in einem flachen Topf mit dickem Boden erhitzen. Reis unter Rühren anbraten, bis alle Körner glänzend mit Öl überzogen sind. Mit Kokosmilch und Wasser aufgießen, mit Gemüsebrühe, Nelke, Zimtstange und Curcuma würzen. Reis zum Kochen bringen, zugedeckt ca. 35 Minuten bei schwacher Hitze köcheln. Wenn alle Flüssigkeit aufgesaugt ist, Reis zugedeckt noch 10 Minuten nachquellen lassen.

Zutaten

- 200 g Naturreis
- 2 EL Öl
- 200 ml Kokosmilch (S. 128)
- 200 ml Wasser
- 1 Gemüsebrühwürfel
- 1 Nelke
- 1 Zimtstange
- 1/2 TL Curcuma

Schwarze Bohnen

Für 4 Personen

Schwarze Bohnen, Reis und gebratene Bananen, erfahrenen Reisenden bestens bekannt, bilden das meist gegessene Gericht in der Karibik.

Öl in einem flachen Topf mit dickem Boden erhitzen. Zwiebeln und Knoblauch 10 Minuten andünsten. Bohnen abgießen, abtropfen lassen. Bohnen, Wasser, Lorbeerblatt und Oregano in den Topf geben. Die Bohnen zum Kochen bringen, zugedeckt in 1 – 2 Stunden weich kochen.
Bohnen mit Salz abschmecken, im offenen Topf noch etwas köcheln, bis die Bohnen von einer dicken, sämigen Sauce umgeben sind.

Zutaten

- 4 EL Öl
- 2 Zwiebeln, fein gehackt
- 4 Knoblauchzehen, fein gehackt
- 250 g schwarze Bohnen, 6 Stunden eingeweicht
- 800 ml Wasser
- 1 Lorbeerblatt
- 1 TL Oregano
- Salz

Gebratene Bananen

Für 4 Personen

Öl und Butter in einer gußeisernen oder nicht haftenden Pfanne erhitzen. Bananen rundum goldbraun braten.

Zutaten

- 2 EL Öl, 1 EL Butter
- 4 feste Bananen, halbiert

Gebackene Ananas mit Zimtsahne

Für 4 Personen (Foto links)

Eine flache Form mit 1/2 TL Butter ausstreichen. Ananasscheiben nebeneinander in die Form legen, mit Rum beträufeln. Restliche Butter schmelzen, mit Mandelsplittern und Honig verrühren. Ananasscheiben mit der Mandelmasse bestreichen. Die Ananas im vorgeheizten Ofen 15 Minuten backen, bis die Mandeln sich goldbraun färben.
Sahne mit Vanillezucker und Zimt sehr steifschlagen, zu den gebackenen Ananas reichen.

Zutaten

- 30 g Butter
- 800 g Ananas, 1 cm dicke Scheiben
- 4 EL Rum
- 100 g Mandelsplitter
- 2 EL Honig
- 200 ml Sahne
- 1 Pck. Natur-Vanillezucker
- 1/2 TL Zimt

Kokoscreme mit Papaya

Für 4 Personen
Ein Dessert für besondere Gelegenheiten. Schmeckt auch mit Mango.

Kokosmilch, Zucker, Speisestärke, Eigelb, Zimt und Zitronenschale mit dem Schneebesen glattrühren, in einen kleinen Topf mit dickem Boden gießen. Die Flüssigkeit unter Rühren langsam zum Kochen bringen, kurz aufkochen. Creme vom Herd nehmen, im Wasserbad abkühlen lassen. Ab und zu umrühren, damit sich an der Oberfläche keine Haut bildet. Sahne steifschlagen, unter die Creme heben.
Orangen- und Zitronensaft sowie braunen Zucker verrühren. Vorsichtig mit der Papaya vermischen, portionsweise anrichten. Die Creme dazu reichen.

Zutaten

- 500 ml Kokosmilch mit Milch hergestellt (S. 128)
- 80 g brauner Zucker
- 40 g Speisestärke
- 4 Eigelb
- 1/2 TL Zimt
- abgeriebene Schale von 1/2 unbehandelten Zitrone
- 200 ml Sahne
- Saft von 1/2 Orange, Saft von 1/2 Zitrone
- 1 TL brauner Zucker
- 1 reife Papaya, dünne Scheiben

Mangocreme

Für 4 Personen

Mango mit Zucker im Mixer oder mit dem Mixstab fein pürieren, durch ein Sieb streichen. Fruchtmus mit Mascarpone glattrühren. Sahne sehr steifschlagen, unter die Mangocreme heben.

Zutaten

- 1 große reife Mango, Stücke
- 2 EL brauner Zucker
- 3 EL Mascarpone
- 100 ml Sahne

CHINA

Aus dem chinesischen Wok, dieser großen, hohen Pfanne mit dem abgerundeten Boden, kommen die elegantesten Gemüsegerichte. Unter Rühren bei hoher Temperatur in wenigen Minuten gebraten, bewahren die Gemüse ihre frischen Farben und das feine Aroma. Chinesische Wok-Gemüse, eßbare Kunstwerke, sind wohlüberlegte Kompositionen. Knackige Karottenstifte ergänzen sich mit weicheren Zucchini- oder Pilzscheiben. Kräftig rote Paprikastreifen begegnen grasgrünen Spinatblättern und luftig leichten, hellgelben Sprossen. Die Sauce, oft eine Mischung aus Sojasauce, Sherry, Ingwer, Chili und Sesamöl, köchelt nur kurz mit, so daß die Gemüse zwar samtig umhüllt sind, aber ihren Eigengeschmack behalten.

Drei wichtige Voraussetzungen, damit das „unter Rühren braten“ im Wok erfolgreich ist:

1. *Alle Gemüse gleichmäßig kleinschneiden.*
2. *Erst mit dem Kochen beginnen, wenn alle Zutaten fix und fertig in Griffnähe des Woks stehen.*
3. *Rühren, Rühren, Rühren.*

Spargelsalat

Für 4 Personen

Die Spargelenden etwas abschneiden. Spargel in reichlich Salzwasser in ca. 12 Minuten bißfest kochen, aus dem Wasser heben, abtropfen lassen, in eine Schüssel legen.
Mit dem Schneebesen 100 ml Kochflüssigkeit, Reiswein oder Sherry, Sojasauce, Öl, Zitronensaft, Sesamöl, Zucker und Chili verrühren. Die Marinade über den Spargel gießen. Den Salat 2 Stunden im Kühlschrank durchziehen lassen, mit Frühlingszwiebelringen garnieren.

Zutaten

- 800 g grüner Spargel
- Salz
- 3 EL Reiswein oder Medium Dry Sherry
- 1 EL Sojasauce
- 3 EL Öl
- 1 TL Zitronensaft
- 1/2 TL geröstetes Sesamöl
- 1 Prise Zucker
- 1 Prise Chili
- 1 Frühlingszwiebel, feine Ringe

Pfannengerührter Gemüsesalat

Für 4 Personen

Sprossen, feine Karotten-, Sellerie- und Champignonscheiben werden kurz im Wok gebraten und dann mariniert. Ein paar Tropfen geröstetes Sesamöl sorgen für die chinesische Note.

Öl in einer großen Pfanne oder im Wok erhitzen. Karotten und Sellerie 2 Minuten unter Rühren anbraten. Champignons dazugeben, 1 Minute unter Rühren braten. Sprossen, Essig, Salz und Pfeffer hinzufügen und 1 Minute unter Rühren braten.
Den Salat in eine Schüssel geben, etwas abkühlen lassen und mindestens 30 Minuten im Kühlschrank durchziehen lassen. Salat mit Sesamöl abschmecken, auf Salatblättern anrichten, mit Frühlingszwiebeln und geröstetem Sesam bestreuen.

Zutaten

- 2 EL Öl
- 200 g Karotten, 3 mm dünne Streifen
- 2 Stangen Sellerie, sehr dünne Scheibchen
- 200 g Champignons, 5 mm dünne Scheiben
- 100 g Mungsprossen
- Salz, Pfeffer
- 2 EL Reis- oder Sherryessig
- 1/4 TL geröstetes Sesamöl
- 4 Salatblätter
- 2 Frühlingszwiebeln, feine Ringe
- 2 EL gerösteter Sesam

Gerösteter Sesam

Ein nussiges Würzmittel, das Salate, Suppen, Gemüse, Reis- und Nudelgerichte bereichert.

Sesam in einer trockenen Pfanne oder im Wok unter Rühren anrösten, bis die Körner anfangen hochzuspringen. Sesam sofort vom Herd nehmen. Schmeckt am besten röstfrisch.

Zutaten

- 3 EL ungeschälter Sesam

Salatrollen mit Auberginenfüllung

Für 4 Personen

Auberginenscheiben mit Salz bestreuen, 30 Minuten ziehen lassen, abwaschen, mit Küchenpapier trockentupfen. Auberginen in mundgerechte Stücke schneiden. Sojasauce, Essig und Zucker verrühren.
Öl in einer großen Pfanne oder einem Wok erhitzen, Knoblauch, Ingwer und Chili unter Rühren kurz anbraten. Auberginen dazugeben, leicht salzen, unter Rühren weich braten.
Mit der Sojasaucenmischung ablöschen, kurz erhitzen, mit Salz abschmecken. Auberginen in eine Schüssel geben, etwas abkühlen und im Kühlschrank 1 Stunde durchziehen lassen.
Auberginen mit Walnüssen, Frühlingszwiebeln und Koriandergrün oder Petersilie vermischen. Auberginensalat auf den Salatblättern verteilen. Die Salatblätter aufrollen, mit Zahnstochern feststecken, mit Paprikastreifen garnieren.

Zutaten

- 500 g Auberginen, 1 cm dicke Längsscheiben
- Salz
- 1 EL Sojasauce
- 1 EL Essig
- 1/2 TL brauner Zucker
- 4 EL Öl
- 5 Knoblauchzehen, fein gehackt
- 1 TL Ingwer, fein gehackt
- 1 rote Chilischote, fein gehackt
- 2 EL Walnüsse, grob gehackt
- 2 Frühlingszwiebeln, feine Ringe
- 1 EL Koriandergrün oder Petersilie, fein gehackt
- 8 Salatblätter
- 1/2 rote Paprika, feine Streifen

Pilze mit Tofuhäubchen

Für 4 Personen

Champignons mit Tofu-Mandelfüllung simmern in Soja-Sherry-Brühe.

Champignonstiele entfernen. Tofu mit der Gabel fein zerdrücken. Tofu mit Mandeln, Ingwer, Sojasauce, Chili, Petersilie, der Hälfte der Frühlingszwiebeln und Zitronenschale gut vermischen, mit Salz abschmecken. Aus der Masse 12 kleine Bällchen formen. Die Bällchen in die Champignons setzen und etwas andrücken.
Öl in einem flachen Topf erhitzen. Pilze mit der Füllung nach oben ins Öl setzen und 2 Minuten anbraten. Mit Gemüsebrühe, Sojasauce und Sherry aufgießen. (Die Flüssigkeit darf die Füllung nicht erreichen.). Pilze zugedeckt 10 Minuten köcheln.
Mit den Frühlingszwiebeln garniert servieren.

Zutaten

- 12 große Champignons
- 100 g Tofu
- 1 1/2 EL Mandeln, fein gehackt
- 1/2 TL Ingwer, fein gehackt
- 2 TL Sojasauce
- 1 Prise Chili
- 1/2 EL Petersilie, fein gehackt
- 2 Frühlingszwiebeln, feine Ringe
- abgeriebene Schale von 1/4 unbehandelten Zitrone
- Salz
- 2 EL Öl
- 250 ml Gemüsebrühe
- 1 EL Sojasauce
- 1 EL Medium Dry Sherry

Nudeltopf mit Omelettstreifen

Für 4 Personen

Üppige chinesiche Nudelsuppen sind gehaltvolle Hauptspeisen und werden darum nicht aus zierlichen Suppenschälchen, sondern aus richtigen Schüsseln gegessen. Die festen Zutaten werden mit Stäbchen herausgefischt, die Brühe mit Porzellanlöffeln ausgelöffelt.

Nudeln in reichlich Salzwasser al dente kochen, abgießen, gut abtropfen lassen. Eier verquirlen, leicht salzen. Öl in einer kleinen Pfanne erhitzen, zwei Omeletts backen. Omeletts in feine Streifen schneiden.

Gemüsebrühe mit Reiswein oder Sherry, Sojasauce und Ingwer zum Kochen bringen. Karotten, Sellerie und Champignons dazugeben, zugedeckt 3 Minuten köcheln. Erbsen hinzufügen, 3 Minuten köcheln. Suppe vom Herd nehmen, mit Pfeffer abschmecken.

Nudeln auf vier große Schüsseln verteilen. Gemüse mit dem Schaumlöffel aus der Suppe heben. Gemüse, Salat- und Omelettstreifen, dekorativ auf die Nudeln legen. Brühe vorsichtig in die Schüsseln gießen. Suppe mit Frühlingszwiebeln und Koriandergrün garnieren.

Zutaten

- 200 g chinesische Eiernudeln oder Spaghetti
- Salz
- 4 Eier, 2 EL Öl
- 1 1/2 l Gemüsebrühe
- 3 EL Reiswein oder Medium Dry Sherry
- 1 EL Sojasauce
- 1 TL Ingwer, fein gehackt
- 100 g Karotten, sehr dünne Scheiben
- 100 g Sellerie, sehr dünne Streifen
- 100 g Champignons, dünne Scheiben
- 100 g tiefgefrorene Erbsen
- weißer Pfeffer
- 4 Kopfsalatblätter, breite Streifen
- 2 Frühlingszwiebeln, feine Ringe
- 1 EL Koriandergrün, fein gehackt

Scharfe Eierblumensuppe

Für 4 Personen

Eier verquirlen. Speisestärke mit 3 EL kaltem Wasser glattrühren. Gemüsebrühe, Sojasauce, Reiswein oder Sherry, Essig, Tomatenmark, Ingwer und Zucker mit dem Schneebesen verrühren, zum Kochen bringen.

Öl in einer Pfanne oder im Wok erhitzen. Knoblauch und Chili unter Rühren anbraten. Paprika, Karotten, Sellerie und Chinakohl dazugeben, unter Rühren 1 Minute braten, die angerührte Speisestärke und Gemüse in die kochende Suppe rühren, noch 1 Minute köcheln. Eier langsam, unter ständigem Rühren in die Suppe gießen, so daß sich zackige „Eierblumen“ bilden. Suppe sofort vom Herd nehmen, mit Salz abschmecken. Mit Koriandergrün und Frühlingszwiebeln bestreuen.

Zutaten

- 2 Eier, 1 EL Speisestärke
- 1 l Gemüsebrühe
- 2 TL Sojasauce, 2 EL Reiswein oder Medium Dry Sherry
- 1/2 EL Reis- oder Sherryessig
- 1/2 EL Tomatenmark
- 1 TL Ingwer, fein gehackt
- 1 Prise brauner Zucker
- 2 EL Öl, 2 Knoblauchzehen, fein gehackt, 1/2 – 1 rote Chilischote, fein gehackt
- 1/2 rote Paprika, feine Streifen
- 100 g Karotten, feine Stifte
- 1 kleine Stange Sellerie, feine Scheiben, 1 Blatt Chinakohl, sehr feine Streifen
- 1 EL Koriandergrün, fein gehackt, 1 Frühlingszwiebel, feine Ringe

Suppe, die den Appetit weckt

Für 4 Personen

Ein chinesisches Menü:

- *Suppe, die den Appetit weckt*
- *Wirsing-Tofu-Päckchen aus dem Dampf (S. 110)*
- *Karotten und Sellerie mit Mandarinensauce (S. 114)*
- *Vier-Gemüse-Pfanne (s.u.)*
- *Reis*

Gemüsebrühe mit Reiswein oder Sherry, Sojasauce und Ingwer zum Kochen bringen. Tofu und Karotten in die Suppe geben, 3 Minuten köcheln. Spinat hinzufügen, 1 Minute köcheln. Suppe vom Herd nehmen, geröstetes Sesamöl unterrühren, mit Frühlingszwiebeln und Sesam bestreut servieren.

Zutaten

- 1 l Gemüsebrühe
- 3 EL Reiswein oder Medium Dry Sherry
- 2 TL Sojasauce
- 1 TL Ingwer, fein gehackt
- 200 g Tofu
- 100 g Karotten, feine Stifte
- 150 g frischer oder tiefgekühlter Blattspinat, mundgerechte Stücke
- 1/2 TL geröstetes Sesamöl
- 1 Frühlingszwiebel, feine Ringe
- 1 EL gerösteter Sesam (S. 106)

Vier-Gemüse-Pfanne

Für 4 Personen

Spinat, Pilze, Sprossen und Frühlingszwiebeln: eine gelungene Kombination.

Sojasauce, Sherry, Chili und Speisestärke mit der Gabel glattrühren. Spinat mit etwas Salz in einen großen Topf geben. Zugedeckt bei mittlerer Hitze in 3 Minuten zusammenfallen und in einem Sieb abtropfen lassen. (Tiefgefrorenen Spinat zugedeckt in einem Siebeinsatz über Wasserdampf auftauen lassen.) Spinat in mundgerechte Stücke schneiden.
Öl in einem Wok erhitzen. Knoblauch und Ingwer unter Rühren kurz darin anbraten. Champignons dazugeben, unter Rühren 3 Minuten braten, Sprossen dazugeben, unter Rühren 3 Minuten braten. Spinat und Frühlingszwiebeln hinzufügen, unter Rühren 1 Minute braten. Die Sojasaucenmischung angießen, alles gut vermischen, kurz erhitzen, bis die Sauce eindickt. Das Gemüse auf einer großen Platte anrichten, mit Sesam bestreuen.

Zutaten

- 2 EL Sojasauce
- 3 EL Medium Dry Sherry
- 1 Prise Chili
- 1 (gestrichener) EL Speisestärke
- 400 g frischer oder 300 g tiefgekühlter Blattspinat
- Salz
- 2 EL Öl
- 2 Knoblauchzehen, fein gehackt
- 1/2 TL Ingwer, fein gehackt
- 300 g Champignons, dünne Scheiben
- 100 g Sojasprossen
- 3 Frühlingszwiebeln, dünne Ringe
- Salz
- 1 EL gerösteter Sesam (S. 106)

Wirsing-Tofu-Päckchen aus dem Dampf

Für 4 Personen (Foto rechts)

Kleine gefüllte Happen aus dem Dampf werden in China als leichtes Mittagessen gereicht. Die Originalausrüstung für diese gesunde, da fettfreie und vitaminschonende Garmethode sind mehrstöckige, geflochtene Einsätze aus Bambus, die auf einem Holzkreuz in einen Topf mit etwas kochendem Wasser gestellt werden. Gut geeignet und pflegeleichter sind Dämpfeinsätze aus Metall. Ganz wichtig: Das Wasser darf den Boden des Dämpfeinsatzes nicht berühren und der Deckel muß gut schließen.

Wirsingblätter in einen Siebeinsatz geben. Zugedeckt über Wasserdampf 3 Minuten garen.
Tofu mit der Gabel fein zerdrücken. Öl in einer Pfanne oder im Wok erhitzen. Knoblauch unter Rühren anbraten. Pilze dazugeben, bei starker Hitze unter Rühren anbraten. Pilze fein hacken. Tofu mit Pilzen, Frühlingszwiebeln, Petersilie, Sojasauce, Ingwer und Mehl zu einer festen Masse vermischen. Mit Salz und Pfeffer abschmecken.
Auf jedes Wirsingblatt 2 EL Füllung geben. Wirsingblätter einschlagen, aufwickeln und mit je 2 Zahnstochern feststecken. Oder mit Küchengarn zu einem Päckchen schnüren. Wirsingpäckchen zugedeckt in einem Siebeinsatz über Wasserdampf 12–15 Minuten garen. Dazu süß-saure Sauce (S. 116) oder Wein-Soja-Sauce (s.u.) reichen.

Zutaten

- 12 kleine Wirsingblätter
- 250 g Tofu
- 2 EL Öl
- 1 Knoblauchzehe, fein gehackt
- 200 g Champignons, dünne Scheiben
- 1 Frühlingszwiebel, fein gehackt
- 1 EL Petersilie, fein gehackt
- 1 EL Sojasauce
- 1/2 TL Ingwer, fein gehackt
- 1–2 EL Mehl
- Salz, Pfeffer

Wein-Soja-Sauce

Für 4–6 Personen

Eine blitzschnell angerührte All-Round-Sauce.

Alle Zutaten vermischen.

Zutaten

- 100 ml Reiswein oder Medium Dry Sherry
- 100 ml Sojasauce
- 1/2 getrocknete Chilischote, fein gehackt
- 1 TL geröstetes Sesamöl
- 1/2 TL brauner Zucker

Rot-Gelb-Grün in süss-saurer Sauce

Für 4 Personen

Gelbe und grüne Paprikastreifen simmern mit Ananasstücken in einer Tomatensauce, die mit Reisessig und Zucker dezent süß-sauer abgeschmeckt ist.

Alle Zutaten für die süß-saure Sauce gut vermischen. Speisestärke mit 3 EL kaltem Wasser glattrühren.
Öl in einer Pfanne oder einem Wok erhitzen. Zwiebeln unter Rühren goldbraun braten. Knoblauch, Ingwer und Chili dazugeben, kurz unter Rühren anbraten. Paprika hinzufügen, leicht salzen, unter Rühren 3 Minuten braten. Ananas und süß-saure Sauce dazugeben, alles gut vermischen. Das Gemüse zugedeckt 8 Minuten köcheln, mit Salz abschmecken. Angerührte Speisestärke untermischen, kurz aufkochen. Wenn die Sauce bindet, Gemüse vom Herd nehmen. Gemüse mit Koriandergrün bestreut servieren.

Zutaten

Süß-saure Sauce:
- 250 ml Gemüsebrühe
- 100 ml passierte Tomaten
- 1 EL Reis- oder Sherryessig
- 4 EL Reiswein- oder Sherry
- 1 EL brauner Zucker
- 1–2 EL Sojasauce
- 1 Prise Fünfgewürzpulver

Gemüse:
- 1/2 EL Speisestärke
- 3 EL Öl
- 2 Zwiebel, feine Ringe
- 3 Knoblauchzehen, fein gehackt
- 1 TL Ingwer, fein gehackt
- 1 rote Chilischote, fein gehackt
- 2 gelbe Paprika, 1 cm breite Streifen
- 1 grüne Paprika, 1 cm breite Streifen
- Salz
- 200 g Ananas, kleine Stücke
- 1 EL Koriandergrün, fein gehackt

Gefüllte Tofutaschen

Für 4 Personen

Eine pfiffige Vorspeise. Reichen Sie zu den Täschchen mit saftig-knackiger Füllung eine süß-saure Sauce (S. 116) oder eine Wein-Soja-Sauce (S. 110).

Tofu in ein Küchentuch wickeln, beschweren, 1 Stunde pressen. Tofu in 1 cm dicke Dreiecke schneiden. Gurken, Karotten, Salat, Frühlingszwiebeln und Sesam vermischen, leicht salzen.
Reichlich Öl in einer Pfanne oder einem Wok erhitzen. Tofu auf beiden Seiten goldgelb backen, auf Küchenpapier abtropfen lassen. Mit einem spitzen Messer in die Längsseite der Dreiecke eine Tasche schneiden. Tofu mit Salatmischung füllen.

Zutaten

- 400 g Tofu
- 100 g Gurke, feine Stifte
- 50 g Karotten, grob gerieben
- 2 Blätter Eisbergsalat, feine Streifen
- 2 Frühlingszwiebeln, feine Ringe
- 1 EL gerösteter Sesam (S. 106)
- Salz
- Öl zum Ausbacken

Omelett, gefüllt mit Glasnudeln, Pilzen und Sprossen

Für 2 Personen
Zum Omelett süß-saure Sauce (S. 116) und Reis reichen.

Glasnudeln 10 Minuten in heißem Wasser einweichen, abgießen, gut abtropfen lassen, in 8 cm lange Stücke schneiden.
2 EL Öl in einer Pfanne oder einem Wok erhitzen, Knoblauch und Ingwer unter Rühren kurz anbraten. Champignons, Sprossen und Nudeln dazugeben, leicht salzen, unter Rühren 4 Minuten braten. Mit Sojasauce würzen, in einer Schüssel mit Frühlingszwiebeln und Karotten vermischen.
Die Omeletts nacheinander backen. Dafür jeweils 2 Eier mit Salz und Pfeffer verquirlen. 1 EL Öl in einer Pfanne erhitzen. Eier hineingießen, in der Pfanne verteilen. Wenn das Ei gestockt ist, die Gemüse-Nudel-Füllung darauf verteilen und das Omelett zusammenklappen. Omelett auf beiden Seiten zart goldbraun backen.

Zutaten

- 50 g Glasnudeln (Vermicelli)
- 4 EL Öl
- 1 Knoblauchzehe, fein gehackt
- 1/2 TL Ingwer, fein gehackt
- 100 g Champignons, dünne Scheiben
- 100 g Mungsprossen
- Salz
- 1 1/2 EL Sojasauce
- 2 Frühlingszwiebeln, feine Ringe
- 2 EL Karotten, grob geraspelt
- 4 Eier

Zuckererbsen und Spargel

Für 2–3 Personen
Verwenden Sie zarten, weißen Spargel, der vor dem Pfannenrühren kurz blanchiert wird. Die empfindlichen Spargelköpfe werden nicht vorgegart.

Spargel schräg in 3 cm lange Stücke schneiden. Ohne Spargelköpfe kurz in kochendem Salzwasser blanchieren, abgießen, abtropfen lassen. Speisestärke mit 3 EL Wasser glattrühren.
Öl in einer Pfanne oder im Wok erhitzen. Nüsse hinzufügen, unter Rühren kurz anbraten. Karotten, dazugeben, unter Rühren 1 Minute braten. Champignons, Zuckererbsen und Spargel dazugeben, leicht salzen, 2 Minuten unter Rühren braten. Mit Gemüsebrühe aufgießen, mit Reiswein oder Sherry und Pfeffer würzen, zugedeckt 3–4 Minuten köcheln, mit Salz abschmecken. Angerührte Stärke einrühren, kurz aufkochen, bis die Sauce bindet. Gemüse auf einer Platte anrichten, mit Frühlingszwiebeln bestreuen.

Zutaten

- 500 g weißer Spargel, geschält
- Salz
- 1/2 EL Speisestärke
- 2 EL Öl
- 50 g Cashewkerne, halbiert
- 100 g Karotten, feine Stifte
- 100 g Champignons, dünne Scheiben
- 200 g Zuckererbsenschoten
- 150 ml Gemüsebrühe
- 2 EL Reiswein oder Medium Dry Sherry
- weißer Pfeffer
- 1 Frühlingszwiebel, feine Ringe

Auberginen, Pilze, Tomaten und Spinat

Für 4 Personen

Sherry, Sojasauce, Chili und Speisestärke glattrühren. Spinat mit etwas Salz in einen Topf geben. Zugedeckt bei mittlerer Hitze in 3 Minuten zusammenfallen und in einem Sieb abtropfen lassen. Spinat in mundgerechte Stücke schneiden.
Öl in einer Pfanne oder im Wok erhitzen. Zwiebel unter Rühren goldbraun braten. Knoblauch und Ingwer dazugeben, unter Rühren kurz anbraten. Aubergine dazugeben, leicht salzen, unter Rühren 5 Minuten braten. Champignons dazugeben, 2 Minuten unter Rühren braten. Tomaten dazugeben, 2 Minuten unter Rühren braten. Mit der Sojamischung aufgießen, kurz aufkochen lassen, bis die Sauce bindet. Spinat unterrühren, mit Salz abschmecken. Gemüse auf einer Platte anrichten, mit Frühlingszwiebeln und Sesam bestreuen.

Zutaten

- 3 EL Medium Dry Sherry
- 2 EL Sojasauce, 1 Prise Chili
- 1 EL (gestrichen) Speisestärke
- 200 g frischer oder tiefgekühlter Spinat, 3 EL Öl
- 1 Zwiebel, feine Ringe
- 2 Knoblauchzehen, fein gehackt, 1 TL Ingwer
- 300 g Auberginen, geschält, 3 mm dünne Streifen
- Salz
- 200 g Champignons, dünne Scheiben, 200 g Tomaten, abgezogen, kleine Schnitze
- 1 Frühlingszwiebel, feine Ringe
- 1 EL gerösteter Sesam (S. 106)

Karotten und Sellerie mit Mandarinensauce

Für 2 – 3 Personen (Foto rechts)

Sojasauce, Zucker, Mandarinensaft, Zitronenschale und Speisestärke glattrühren.
Öl in einer Pfanne oder im Wok erhitzen. Ingwer, Chili und Cashewkerne kurz unter Rühren anbraten. Karotten und Sellerie dazugeben, salzen, unter Rühren 3 Minuten braten. Mit 100 ml Wasser aufgießen, zugedeckt 4 Minuten dünsten. Gemüse mit der Sojamischung aufgießen, unter Rühren erhitzen, bis die Sauce bindet. Salatstreifen untermischen. Gemüse sofort vom Herd nehmen, auf einer Platte anrichten, mit Koriandergrün oder Petersilie bestreut servieren.

Zutaten

- 2 EL Sojasauce
- 1 TL brauner Zucker
- 100 ml Mandarinensaft, frisch gepreßt
- abgeriebene Schale von 1/4 unbehandelten Zitrone
- 1 EL Speisestärke, 3 EL Öl
- 1 TL Ingwer, fein gehackt
- 1 rote Chilischote, fein gehackt
- 3 EL Cashewkerne, halbiert
- 300 g Karotten, 3 mm feine Stifte
- 3 Stangen Sellerie, 3 mm dünne Scheiben
- 4 Blatt Kopfsalat, 2 cm breite Streifen
- 1 EL Koriandergrün oder Petersilie, fein gehackt

Chow Mein

Gebratene Nudeln

Für 4 Personen (Foto rechts)

Nudeln kommen immer gut an. Hier ist ein Grundrezept, das ganz nach Lust, Laune und Inhalt des Kühlschranks variiert werden kann. Wer möchte, kann die Nudeln mit Omelettstreifen garnieren oder Tofuwürfel mitbraten.

Nudeln in reichlich Salzwasser al dente kochen, abgießen, gut abtropfen lassen. Sojasauce, Sherry, Zucker und Speisestärke glattrühren.

Öl in einer großen Pfanne oder dem Wok erhitzen, Knoblauch, Chili und Ingwer kurz unter Rühren anbraten. Paprika und Sellerie hinzufügen, leicht salzen, unter Rühren 2 Minuten braten. Pilze und Zucchini dazugeben, unter Rühren 2 Minuten braten. Spinat und Sprossen hinzufügen, unter Rühren 1 Minute braten. Nudeln untermischen, unter Rühren braten, bis die Nudeln heiß sind. Sojasaucenmischung angießen. Kurz erhitzen, bis die Sauce bindet. Nudeln mit Frühlingszwiebeln vermischen, mit Sesamöl würzen. Chow Mein auf einer großen Platte anrichten, mit Koriandergrün oder Petersilie und gerösteten Erdnüssen bestreuen.

Zutaten

- 200 g chinesische Eiernudeln oder Spaghetti, Salz
- 2 EL Sojasauce, 2 EL Medium Dry Sherry
- 1/2 TL brauner Zucker
- 1 TL (gestrichen) Speisestärke
- 3 EL Öl, 1 Knoblauchzehe, fein gehackt, 1 rote Chilischote, fein gehackt
- 1 TL Ingwer, feingehackt
- 1 rote Paprika, 3 mm feine Streifen
- 100 g Sellerie, 3 mm feine Stifte
- 100 g Austernpilze, Stücke
- 200 g Zucchini, kleine Würfel
- 100 g Spinat, mundgerechte Stücke
- 100 g Mungsprossen
- 2 Frühlingszwiebeln, feine Ringe
- 1/4 TL geröstetes Sesamöl
- 1 EL Koriandergrün oder Petersilie, fein gehackt
- 3 EL geröstete Erdnüsse, gehackt

Süss-saure Sauce

Für 4 – 6 Personen

Paßt zu gebackenen Tofuspezialitäten, Nudel- und Reisgerichten und leichten Speisen aus dem Dampf.

Öl in einer Pfanne oder einem Wok erhitzen. Zwiebel unter Rühren goldgelb braten. Knoblauch, Ingwer und Chili dazugeben, unter Rühren kurz anbraten.

Tomaten, Zucker, Essig, Gewürze und Salz hinzufügen, in 15 Minuten zu einer dicken Sauce einkochen, ab und zu umrühren. Die Sauce im Mixer oder mit dem Mixstab fein pürieren, durch ein Sieb streichen. Die süß-saure Sauce hält sich gut verschlossen im Kühlschrank einige Tage.

Zutaten

- 2 EL Öl
- 1 Zwiebel, fein gehackt
- 4 Knoblauchzehen, fein gehackt
- 2 TL Ingwer, fein gehackt
- 1 rote Chilischote, fein gehackt
- 750 g Tomaten, Stücke
- 2 EL Zucker
- 2 EL Reis- oder Sherryessig
- 1 Prise Zimt
- 1 gute Prise Muskat
- 1 Prise Piment
- 1 TL Salz

Acht Vitaminschätze

Für 4 Personen

Ein chinesisches Menü:

- *Salatrollen mit Auberginenfüllung (S. 107)*
- *Suppe, die den Appetit weckt (S. 109)*
- *Acht Vitaminschätze*
- *Gefüllte Tofutaschen (S. 112)*
- *Reis*
- *Buddhas süßes Geschenk (S. 119)*

Mu-Err-Pilze 1 Stunde in warmem Wasser einweichen, abgießen, die festen Stielansätze entfernen, in große Stücke schneiden. Sherry, Sojasauce und Speisestärke glattrühren.
Öl in einer Pfanne oder im Wok erhitzen. Zwiebel unter Rühren goldgelb braten. Knoblauch, Ingwer und Chili unter Rühren kurz anbraten. Paprika, Karotten und Mu-Err-Pilze hinzufügen, salzen, unter Rühren 3 Minuten braten. Sellerie, Weißkraut, Champignons, Zucchini und Mungsprossen hinzufügen, unter Rühren 2 Minuten braten.
Mit 100 ml Wasser aufgießen, zugedeckt 5 Minuten köcheln. Gemüse mit der Sojasaucenmischung aufgießen, unter Rühren zum Kochen bringen, kurz aufkochen, bis die Sauce bindet. Gemüse vom Herd nehmen, auf einer Platte anrichten, mit Frühlingszwiebeln bestreuen.

Zutaten

- 8 getrocknete Mu-Err-Pilze (Wolkenohr oder Holunderpilze)
- 3 EL Medium Dry Sherry
- 2 EL Sojasauce
- 1 EL Speisestärke
- 2 EL Öl
- 1 Zwiebel, feine Ringe
- 2 Knoblauchzehen, fein gehackt
- 1 TL Ingwer, fein gehackt
- 1 rote Chilischote, fein gehackt
- 1 rote Paprika, 1/2 cm breite Streifen
- 100 g Karotten, 3 mm breite Stifte
- 1 Stange Sellerie, feine Scheiben
- 100 g Weißkraut, feine Streifen
- 100 g Champignons, dünne Scheiben
- 100 g Zucchini, 1 cm dünne Scheiben
- 100 g Mungsprossen
- 1 Frühlingszwiebel, feine Ringe

Ananastee

Für 4 Personen

Ein vitaminreiches Getränk für kalte Wintertage.

Ananas mit kaltem Wasser im Mixer fein pürieren. Ananas- und Orangensaft durch ein Sieb streichen. Den Saft mit Zitronenschale, Zimt, Nelke und Honig in einen kleinen Topf geben und erhitzen. Nicht zum Kochen bringen, sonst gehen die Vitamine verloren.

Zutaten

- 500 g Ananas, Stücke
- 300 ml kaltes Wasser
- Saft von 4 Orangen
- abgeriebene Schale von 1/4 unbehandelten Zitrone
- 1 Zimtstange
- 1 Nelke
- 2–3 EL Honig

Buddhas süsses Geschenk

Für 4 Personen

Wassermelone halbieren. Kerne entfernen. Melonenfleisch mit einem Formmesser in Kugeln ausstechen. Ca. 1 cm Fruchtfleisch am inneren Rand stehen lassen. Besonders dekorativ wirkt es, wenn Sie den oberen Rand der Melone zackenförmig einschneiden.
Mandarinensaft mit Honig verrühren. Früchte, Melonenkugeln und Mandeln damit vermischen. Den Fruchtsalat in die Melonenhälften füllen.

Zutaten

- 1 kleine, reife Wassermelone
- Saft von 3 Mandarinen
- 1 EL Honig
- 1 Banane, dünne Scheiben
- 1 Orange, dünne Scheiben
- 3 Aprikosen, feine Schnitze
- 200 g blaue Weintrauben
- 1 EL Mandelsplitter

Grüne Bällchen im gelben See

Melonenkugeln in Mandarinengelee

Für 4 Personen

Auch für dieses Dessert brauchen Sie ein Formmesser, mit dem Sie Melonenkugeln ausstechen können.

Mandarinen auspressen. Saft durch ein Sieb gießen. Agar-Agar mit 3 EL Wasser glattrühren. Melonenkugeln in Reihen in eine flache, längliche Form legen.
Mandarinensaft mit Honig verrühren, in einem kleinen Topf zum Kochen bringen. Agar-Agar-Lösung einrühren, kurz aufkochen lassen. Die Flüssigkeit über die Melonenkugeln gießen. Etwas abkühlen und dann im Kühlschrank in 2 Stunden fest werden lassen. Mandarinengelee auf ein Brett stürzen, in Würfel schneiden. In jedem Würfel soll eine Melonenkugel stecken.

Zutaten

- 1 kg Mandarinen
- 2 TL Agar-Agar-Pulver
- 1 kleine Netzmelone, Kugeln
- 3 EL Honig

THAILAND

Fein abgestimmte thailändische Leckerbissen bringen alle Geschmacksnerven zum Klingen. Unverwechselbar ist die geniale Kombination von mildem Kokosaroma, feurigem Chili, Currygewürzen und dem belebenden Geschmack der Limetten und Zitronen. Kräuter stehen hoch im Kurs in einem Land, das so reich ist an üppig grünenden Gärten. Besonders beliebt in Thailand ist frisches Koriandergrün, mit seiner eigenwilligen, leicht herben Note. Aber auch das uns bestens vertraute Basilikum spielt mit in dieser Symphonie exotischer Gaumenfreuden.

Die unverkennbare Würze der Kokosnuß kommt durch die Kokosmilch ans Essen. Diese Flüssigkeit, die schnell und einfach aus Kokosflocken und Wasser oder Milch hergestellt wird, ermöglicht ganz neue Eßerfahrungen. Ob Pilzsuppe, Paprika-Ananas-Gemüse oder ein Mangosorbet, mit cremiger Kokosmilch zubereitet, gewinnen pikante und süße Speisen fernöstliches Flair.

Salat mit gebratenem Tofu und Ananas

Für 4 Personen

Eine attraktive Vorspeise zur Einstimmung auf ein fernöstliches Essen.

Sojasauce mit Chiligewürzpaste oder Currypulver vermischen, über die Tofuwürfel gießen. Tofu 1 Stunde marinieren, in ein Sieb abgießen, abtropfen lassen und auffangen. Für die Salatsauce die abgetropfte Sojasauce mit 3 EL Öl, Zitronen- oder Limettensaft und Honig verrühren.

Blattsalat, Karotten, Sellerie und Ananas portionsweise auf großen Tellern anrichten. Restliches Öl in einer kleinen Pfanne erhitzen. Tofu und Nüsse unter Rühren 3 Minuten braten, auf dem Salat verteilen. Salat mit der Sauce begießen, mit Frühlingszwiebeln und Koriandergrün oder Petersilie bestreuen.

Zutaten

- 3 EL Sojasauce
- 1 TL Chiligewürzpaste (S. 129) oder 1 TL Currypulver
- 200 g Tofu, kleine Würfel
- 5 El Öl, Saft von 1 Zitrone oder Limette, 1 TL Honig
- 1 kleiner Romano-Salat, mundgerechte Stücke
- 100 g Karotten, streichholzgroße Stifte
- 1 Stange Sellerie, feine Scheiben
- 100 g Ananas, dünne Scheiben
- 2 EL Cashewkerne
- 1 Frühlingszwiebel, feine Ringe
- 1 EL Koriandergrün oder Petersilie, fein gehackt

Pilzsalat

Für 4 Personen (Foto rechts)

Eine reizvolle Mischung aus gebratenen Pilzen und rohen, fein geschnittenen Gemüsen

Sojasauce mit Zucker verrühren. Öl in einer Pfanne oder einem Wok erhitzen. Knoblauch, Chili und Koriander kurz unter Rühren anbraten. Pilze dazugeben, unter Rühren 3 Minuten braten. Mit der gesüßten Sojasauce ablöschen. Die Sauce etwas einkochen.

Alles in eine Schüssel geben, mit Zitronensaft würzen, leicht abkühlen lassen. Mit Stangensellerie, Karotte und Paprika, Basilikum und Frühlingszwiebel vermischen.

Salat portionsweise auf Salatblättern anrichten. Als zusätzliche Würze knusprige Sesam-Kokosflocken (S. 124) darüberstreuen.

Zutaten

- 2 EL Sojasauce
- 1 TL brauner Zucker
- 3 EL Öl
- 3 Knoblauchzehen, fein gehackt
- 1 grüne Chilischote, fein gehackt
- ½ TL Koriander
- 200 g Champignons, feine Scheiben
- 200 g Austernpilze, mundgerechte Stücke
- 2 EL Zitronensaft
- 2 Stangen Sellerie, feine Scheiben
- 1 Karotte, feine Stifte
- 1 gelbe Paprika, kleine Würfel
- 2 EL Basilikum, fein gehackt
- 1 Frühlingszwiebel, feine Ringe
- 4 große Salatblätter

Sesam-Kokosflocken

Für 4 Personen

Die knusprigen Flocken werden über Salate, Suppen und Wokgerichte gestreut.

Eine trockene gußeiserne Pfanne oder einen Wok erhitzen. Sesam, Kokosflocken, Chili, Cumin und Koriander unter Rühren kurz anrösten, bis die Sesamsamen anfangen hochzuspringen. Salz unterrühren. Sesam-Kokosflocken halten sich in einem gut verschlossenen Glas einige Tage.

Zutaten

- 3 EL ungeschälter Sesamsamen
- 5 EL Kokosflocken
- 2 getrocknete rote Chilischoten, gehackt
- 2 TL Cumin
- 2 TL Koriander
- 1/2 TL Salz

Auberginensalat mit bunter Sauce

Für 4 Personen

Fein gewürzt mit Minze, Limette und Ingwer ist diese Sauce aus winzigen, knackigen Gemüsewürfeln. Ein angenehmer Kontrast zu den weich gebratenen Auberginenscheiben.

Tomaten, Paprika, Gurke und Frühlingszwiebeln in eine Schüssel geben. Aus Limettensaft, Öl, Zucker, Knoblauch, Ingwer, Chili und Minze eine Sauce anrühren. Die Gemüse mit der Sauce verrühren, mit Salz abschmecken. Die Sauce etwas durchziehen lassen.

Auberginen in Öl auf beiden Seiten goldbraun braten, auf Küchenpapier abtropfen lassen, leicht salzen. Auberginen auf einer großen Platte anrichten, mit der Gemüsesauce übergießen. Gleich servieren.

Zutaten

- 3 Tomaten, sehr kleine Würfel
- 1 gelbe Paprika, sehr kleine Würfel
- 100 g Gurke, sehr kleine Würfel
- 1 Frühlingszwiebel, feine Ringe
- 2 EL Limetten- oder Zitronensaft
- 2 EL Öl
- 1/2 TL brauner Zucker
- 2 Knoblauchzehen, feine Ringe
- 1/2 TL Ingwer, fein gehackt
- 1 grüne Chilischote, fein gehackt
- 1 EL Minze
- Salz
- 1 kg Auberginen, 1 cm dicke Längsscheiben
- Öl zum Ausbacken

Spinat mit krümelig gebratenem Tofu

Für 4 Personen

Zerkrümelter Tofu, wird mit Zwiebeln, Knoblauch und Chili angeröstet und auf Blattspinat serviert.

Tofu mit der Gabel fein zerdrücken. In einer gußeisernen Pfanne oder einem Wok 2 EL Öl erhitzen. Zwiebel, Knoblauch, Chili und Ingwer unter Rühren goldbraun braten. Tofu dazugeben, unter Rühren einige Minuten mitbraten. Mit Sojasauce ablöschen. Unter Rühren braten, bis alle Flüssigkeit verdampft und der Tofu trocken und locker ist. Vom Herd nehmen, mit Cashewkernen vermischen.
Den abgetropften frischen Spinat mit etwas Salz in einen großen Topf geben. Zugedeckt bei mittlerer Hitze zusammenfallen und in einem Sieb abtropfen lassen. Bei tiefgekühltem Spinat entfällt dieser Kochvorgang. Spinat in mundgerechte Stücke schneiden.
Restliches Öl in einem Wok oder einer großen Pfanne erhitzen. Cumin unter Rühren kurz anbraten, Spinat dazugeben, unter Rühren 2 Minuten mitbraten, mit Salz abschmecken, mit Zitronensaft würzen.
Spinat auf einer Platte anrichten. Krümelig gebratenen Tofu darauf verteilen, mit Tomatenwürfeln, Frühlingszwiebeln und Koriandergrün bestreuen.

Zutaten

- 200 g fester Tofu
- 4 EL Öl
- 1 Zwiebel, fein gehackt
- 3 Knoblauchzehen, fein gehackt
- 1/2 grüne Chilischote, fein gehackt
- 1 TL Ingwer, fein gehackt
- 2–3 EL Sojasauce
- 2 EL Cashewkerne, gehackt
- 700 g frischer oder 600 g tiefgekühlter Blattspinat
- Salz
- 1 TL Cumin
- 1 EL Limetten- oder Zitronensaft
- 1 Tomate, kleine Würfel
- 2 Frühlingszwiebeln, feine Ringe
- 1 EL Koriandergrün, fein gehackt

Papayasalat

Für 4 Personen

Damit diese fruchtige Vorspeise ein Erfolg wird, müssen die Papayas reif und saftig sein.

Papayas schälen, entkernen, in feine Streifen schneiden. Limetten- oder Zitronen- und Orangensaft mit Öl, Zucker, Ingwer und Chili verrühren. Die Sauce mit Salz abschmecken. Vorsichtig Papaya und Nüsse mit der Sauce vermischen. Salat portionsweise auf Salatblättern anrichten, mit Kräutern garnieren.

Zutaten

- 2 kleine Papayas
- Saft von 1 Limette oder Zitrone, Saft von 1 Orange
- 1 EL Öl, 1 TL brauner Zucker
- 1/2 TL Ingwer, fein gehackt
- 1 rote Chilischote, fein gehackt, Salz
- 30 g Cashewkerne, gehackt
- 4 große Salatblätter
- 1 EL Koriandergrün oder Petersilie, fein gehackt

Nudelsuppe mit Tofuklösschen

Für 4 Personen

Tofu in ein Küchentuch wickeln, mit einem schweren Gegenstand (zum Beispiel einem wassergefüllten Topf) 1 Stunde pressen. Tofu mit der Gabel fein zerdrücken, mit Knoblauch, Koriandergrün oder Basilikum und gemahlenem Koriander, Chili, Sojasauce, Eiweiß und Mehl vermischen. Die Masse zu einem glatten Teig kneten. Mit Salz abschmecken.
Glasnudeln 2 Minuten in warmem Wasser einweichen, abgießen, abtropfen lassen, mit der Schere in 8 cm lange Stücke schneiden. Gemüsebrühe mit Ingwerscheiben und Sojasauce erhitzen. Mit eingeölten Händen kleine Tofuklößchen (2 cm Durchmesser) formen. Die Klößchen 5 Minuten in der leicht köchelnden Brühe ziehen lassen. Klößchen mit dem Schaumlöffel aus der Suppe heben. Glasnudeln und Karotten in die Suppe rühren, 2 Minuten erhitzen. Klößchen zurück in die Suppe geben. Die Suppe mit Frühlingszwiebeln garniert servieren.

Zutaten

Tofuklößchen:
- 200 g Tofu
- 1 Knoblauchzehe, fein gehackt
- 1 EL Koriandergrün oder Basilikum, fein gehackt
- 1/2 TL Koriander, gemahlen
- 1 Prise Chili
- 1 EL Sojasauce
- 1 Eiweiß
- 1–2 EL Mehl
- Salz

Nudelsuppe:
- 100 g Glasnudeln
- 1 l Gemüsebrühe
- 5 dünne Ingwerscheiben
- 1 TL Sojasauce
- etwas Öl
- 100 g Karotten, feine Stifte
- 1 Frühlingszwiebel, feine Ringe

Kokos-Gemüsesuppe

Für 4 Personen (Foto rechts)

Ein begnadetes Süppchen, in dem sich das Kokosaroma mit dem Geschmack von Limetten, Koriander und Gewürzen auf das Appetitlichste verbindet. Gerade recht für ein großes Festessen.

Kokosmilch und Wasser zum Kochen bringen. 3 Minuten leicht köcheln. Mit Suppenwürfeln, Chiligewürzpaste, Zitronenschale und Ingwer würzen. Champignons dazugeben, 15 Minuten zugedeckt köcheln. Erbsen und Karotten dazugeben, 3 Minuten köcheln. Suppe vom Herd nehmen und mit Zitronensaft aromatisieren. Mit Frühlingszwiebeln, Basilikum und Zitronenscheiben garniert servieren.

Zutaten

- 500 ml Kokosmilch (S. 128)
- 500 ml Wasser
- 2 Würfel Gemüsebrühe
- 1 EL Chiligewürzpaste (S. 129) oder 1/2 EL Currypulver
- abgeriebene Schale von 1/2 unbehandelten Limone oder Zitrone
- 1 TL Ingwer, fein gehackt
- 200 g kleine Champignons
- 100 g tiefgekühlte Erbsen
- 100 g Karotten, feine Scheiben oder Blüten
- 1/2–1 EL Zitronensaft
- 1 Frühlingszwiebel, feine Ringe
- 2 EL Basilikum, fein geschnitten
- 4 Zitronenscheiben

Tofuspiesschen

Für 4 Personen

Marinierte Tofuwürfel und saftige Gemüsestückchen, dazu höllisch scharfe Chilisauce: Eine Grillidee aus Fernost für das nächste Gartenfest.

Gewürzpaste mit Sojasauce verrühren. Tofu damit bestreichen, 1 Stunde im Kühlschrank durchziehen lassen. Abwechselnd Tofuwürfel, Paprika, Zucchini, Zwiebeln und Tomaten auf Spießchen stecken. Ein großes Stück Alufolie mit 2 EL Öl bestreichen, auf den Grill legen. Spießchen auf die Alufolie legen, mit dem restlichen Öl benetzen und 15–20 Minuten grillen, dabei einmal wenden. Die Spießchen gelingen auch bei mittlerer Hitze auf einem Blech im Backofen.

Zutaten

- 2 EL Chiligewürzpaste (S. 129)
- 3 EL Sojasauce
- 300 g fester Tofu, Würfel
- 1 gelbe Paprika, Schnitze
- 1 Zucchini, 1 cm dicke Schnitze
- 1 Zwiebel, 2 cm breite Streifen
- 2 Tomaten, Schnitze
- 3 EL Öl

Kokosmilch

Für ca. 700 ml

Kokosmilch ist ein unverzichtbarer Bestandteil der thailändischen Küche. Sie ist aus Kokosflocken schnell und einfach hergestellt. Nur im Wasser aufgelöst werden muß Kokosmark, das es in asiatischen Lebensmittelgeschäften gibt. (Hier den Dosierungsanweisungen auf der Packung folgen.) Einige Rezepte erfordern Kokosmilch, die mit Milch zubereitet ist. In diesem Fall das Wasser durch Milch ersetzen.

Kokosflocken mit dem Wasser im offenen Topf zum Kochen bringen. Vorsicht: Es kocht leicht über! Sofort vom Herd nehmen. Die Flüssigkeit im Mixer oder mit dem Mixstab fein pürieren. Kokosmilch durch ein feines Sieb gießen. Die Kokosflocken im Sieb mit dem Kochlöffel gut ausdrücken.

Zutaten

- 250 g Kokosflocken, ungesüßt
- 800 ml Wasser

Dicke Kokosmilch

Für ca. 500 ml

Zubereitung wie Kokosmilch

Zutaten

- 250 g Kokosflocken, ungesüßt
- 600 ml Wasser

Paprika, Sellerie und Ananas in Kokos-Curry-Creme

Für 4 Personen
Ein Schlemmergericht. Dazu pikante Mangosauce (S. 130) reichen.

Die ganzen Paprika im Ofen bei starker Hitze etwa 20 Minuten backen, bis die Haut sich schwarzbraun verfärbt und Blasen wirft. Etwas abkühlen lassen, Haut abziehen, Stiel und Samen entfernen. Paprika in 1 cm breite Streifen schneiden. Kokosmilch zum Kochen bringen. Chiligewürzpaste und Suppenwürfel dazugeben, 3 Minuten zugedeckt köcheln. Karotten, Sellerie und Ananas hinzufügen, zugedeckt 5 Minuten köcheln. Paprika unterrühren, 3 Minuten köcheln. Curry in einer flachen Schüssel anrichten, mit Basilikum bestreuen.

Zutaten

- 3 rote Paprikaschoten
- 300 ml dicke Kokosmilch (S. 128)
- 1/2–1 Gemüsebrühwürfel
- 1 EL Chiligewürzpaste (s.u.) oder 2 TL Currypulver
- 100 g Karotten, 5 mm dünne Scheiben
- 2 Stangen Sellerie, feine Scheiben
- 200 g Ananas, kleine Stücke
- 1 EL Basilikum, fein gehackt

Chilisauce

Diese Sauce wird nur in kleinen Mengen genossen. Hält sich im Kühlschrank gut verschlossen eine Woche.

Alle Zutaten vermischen.

Zutaten

- 6 kleine rote Chilischoten, kleine Ringe, 3 Knoblauchzehen, fein gehackt
- 1/2 Zwiebel, fein gehackt
- 1 EL brauner Zucker, 100 ml Reis- oder Weißweinessig

Chiligewürzpaste

Die thailändische Küche lebt von den verschiedensten Gewürzpasten, und jede Familie hat ihre speziellen Rezepte. Mit diesem praktischen Würzmittel läßt sich ohne viel Aufwand abwechslungsreich kochen. Die Paste wird in Suppen gerührt, zum Marinieren von Tofu eingesetzt und ermöglicht köstliche, blitzschnelle Wokgemüse. Die Zubereitung der Chiligewürzpaste ist schnell und einfach. Im Kühlschrank, gut verschlossen, hält sie sich einige Tage.

Piment, Koriander- und Cuminsamen in einer trockenen Pfanne unter Rühren kurz anrösten. Alle Zutaten im Mixer oder mit dem Mixstab zu einer glatten Paste pürieren.

Zutaten

- 4 Pimentkörner, 1 EL Koriandersamen, 1 EL Cuminsamen
- 6 grüne Chilischoten, dünne Scheiben, 1 Zwiebel, gehackt
- 4 Knoblauchzehen, gehackt
- 1 kleines Bund Koriandergrün, fein gehackt, 2 TL Kurkuma
- abgeriebene Schale von 1/2 unbehandelten Zitrone
- Saft von 1 Zitrone
- 4 EL Öl, 2–3 TL Salz

Goldbraune Tofubällchen

Für 4 Personen

Eine knusprige Bereicherung von Wokgemüsen und gebratenen Nudeln. Auch als Vorspeise, mit pikanter Mangosauce serviert, überzeugen die goldbraunen Bällchen, die ihren typischen Geschmack einer Mischung aus Kokos, Currygewürzen, Basilikum und Zitrone verdanken.

Tofu in ein Küchentuch wickeln, beschweren, 1 Stunde pressen. Tofu mit der Gabel fein zerkrümeln, mit den restlichen Zutaten vermischen und zu einem glatten Teig kneten. Die Masse mit Salz abschmecken.
Reichlich Öl in einem Wok oder einer Pfanne erhitzen. Zuerst ein Probebällchen (ca. 3 cm Durchmesser) backen. Falls nötig, mehr Mehl in die Tofumasse kneten. Tofubällchen rundum knusprig goldbraun backen, nicht zu viele Bällchen auf einmal ins Öl geben, es schäumt sonst über. Tofubällchen auf Küchenpapier abtropfen lassen. Im Backofen bei 50 Grad warm halten, bis alle Bällchen fertig sind.

Zutaten

- 400 g Tofu
- 30 g Kokosflocken
- 1 Frühlingszwiebel, feine Ringe
- 2 Knoblauchzehen, fein gehackt
- 2 EL Basilikum, fein geschnitten
- 2–3 El Sojasauce
- 1 TL Cumin
- 1 TL Koriander
- 2–3 EL Mehl
- Salz
- Öl zum Ausbacken

Pikante Mangosauce

Für 4 Personen

Blitzschnell zubereitet. Zu Tofuspießchen, Tofubällchen und Wokgemüsen.

Alle Zutaten gut vermischen. Die Sauce etwas im Kühlschrank durchziehen lassen.

Zutaten

- 1 reife Mango, sehr kleine Würfel
- 2 TL Ingwer, fein gehackt
- Saft von 1 Limette oder Zitrone
- abgeriebene Schale von 1/4 unbehandelten Zitrone oder Limette
- 1–2 rote Chilischote, fein gehackt
- 1/2 EL brauner Zucker
- 1 EL Korinandergrün, fein gehackt
- 1/2 TL Salz

Gemüse in Kokos-Curry-Sauce

Für 4 Personen

Das einfachste Gemüse-Curry. Wenn Sie es mit Currypulver anstelle von Chiligewürzpaste würzen, das Gemüse noch mit 1/2 EL Zitronensaft abschmecken.

Kokosmilch im offenen Topf zum Kochen bringen. Gemüsebrühe, Gewürzpaste, Ingwer, Zwiebel und Knoblauch dazugeben, 7 Minuten köcheln. Gemüse in den Topf geben, zugedeckt etwa 10 Minuten köcheln. Die Gemüse sollen weich sein, dürfen aber nicht zerfallen. Mit Salz abschmecken. Dazu pikante Mangosauce (S. 130) reichen.

Zutaten

- 500 ml Kokosmilch
- 1 Würfel Gemüsebrühe
- 1/2–1 EL Chiligewürzpaste (S. 129) oder 2 TL Currypulver
- 1 TL Ingwer, fein gehackt
- 1 Zwiebel, fein gehackt
- 3 Knoblauchzehen, fein gehackt
- 1 Stange Sellerie, feine Scheiben
- 100 g Karotten, 3 mm dünne Scheiben
- 200 g grüne Bohnen, 3 cm lange Stücke
- 200 g Brokkoli, Röschen
- 200 g Lauch, 1/2 cm dicke Ringe
- Salz

Süss-saures Gemüse mit Ananas

Für 4 Personen

Dazu schmecken goldbraune Tofubällchen vorzüglich (S. 130).

Sojasauce mit passierten Tomaten, Cumin, Zimt, Ingwer, Honig, Speisestärke und 3 EL kaltem Wasser glattrühren.
Öl in einer großen Pfanne oder einem Wok erhitzen. Zwiebeln unter Rühren goldbraun braten. Knoblauch und Chili dazugeben, unter Rühren kurz anbraten. Paprika und Karotten hinzufügen, leicht salzen, unter Rühren 2 Minuten braten. Zucchini, Erbsen, Mungsprossen und Ananas untermischen, unter Rühren weitere 2 Minuten braten. Mit Gemüsebrühe aufgießen, zugedeckt 4 Minuten köcheln. Sojasaucenmischung unterrühren, die Sauce kurz aufkochen, damit sie bindet. Gemüse auf einer Platte anrichten, mit Koriandergrün bestreuen.

Zutaten

- 2 EL Sojasauce
- 4 EL passierte Tomaten
- 1 TL Cumin, 1 Prise Zimt
- 1 TL Ingwer, fein gehackt
- 1 TL Honig
- 1 EL Speisestärke
- 3 EL Öl
- 2 Zwiebeln, feine Ringe
- 3 Knoblauchzehen, fein gehackt, 1 grüne Chilischote fein gehackt
- 1 rote Paprikaschote, feine Streifen, 200 g Karotten, 3 mm dünne Scheiben
- Salz
- 200 g Zucchini, 5 mm dünne Scheiben, 100 g tiefgekühlte Erbsen, 100 g Mungsprossen
- 200 g Ananas, kleine Stücke
- 150 ml Gemüsebrühe
- 1 EL Koriandergrün, fein gehackt

Gebratener Gemüsereis mit Spiegelei

Für 2 Personen

Ein schnelles Reste-Essen, bei dem Sie ganz nach Vorratslage des Kühlschranks verschiedene Gemüse kombinieren können. Kommt immer gut an.

2 EL Öl in einer großen Pfanne oder einem Wok erhitzen. Knoblauch und Chili unter Rühren kurz darin anbraten. Karotte und Paprika hinzufügen, unter Rühren 3 Minuten braten. Sellerie, Lauch und Zucchini hinzufügen, leicht salzen, unter Rühren ebenfalls 3 Minuten braten. Reis untermischen, unter Rühren braten, bis er heiß ist. Mit Sojasauce würzen. Restliches Öl in einer kleinen Pfanne erhitzen. Spiegeleier braten, leicht salzen. Gemüsereis auf einer Platte anrichten, Eier darauf legen, mit Kräutern und Sesam-Kokosflocken bestreuen.

Zutaten

- 3 EL Öl
- 1 Knoblauchzehe, fein gehackt
- 1 grüne Chilischote, fein gehackt
- 1 Karotte, 3 mm dünne Stifte
- 1/2 rote Paprika, dünne Streifen, 1 Stange Sellerie, feine Scheiben
- 100 g Lauch, 5 mm dünne Ringe, 100 g Zucchini, 5 mm dünne Scheiben
- Salz
- 200 g gekochter Naturreis
- 1 – 2 EL Sojasauce
- 2 Eier
- 1 EL Koriandergrün oder Petersilie, fein gehackt
- 2 EL Sesam-Kokosflocken (S. 124)

Curry mit grünem Gemüse

Für 3 – 4 Personen

Öl in einer großen Pfanne oder im Wok erhitzen. Knoblauch und Ingwer unter Rühren kurz anbraten. Brokkoli dazugeben, leicht salzen, unter Rühren 2 Minuten braten. Zucchini und Mungsprossen dazugeben, unter Rühren 2 Minuten braten. Spinat unterrühren, mit Kokosmilch aufgießen, mit Brühwürfel und Chiligewürzpaste abschmecken. Das Curry zugedeckt 4 Minuten köcheln. Nach 3 Minuten die Frühlingszwiebeln zugeben und mitköcheln.

Zutaten

- 2 EL Öl
- 3 Knoblauchzehen, fein gehackt
- 1 TL Ingwer, fein gehackt
- 200 g Brokkoli, sehr kleine Röschen, Salz
- 200 g Zucchini, 3 mm dünne Scheiben
- 100 g Mungsprossen
- 100 g Blattspinat
- 300 ml dicke Kokosmilch (S. 128)
- 1/2 Würfel Gemüsebrühe
- 1 EL Chiligewürzpaste (S. 129) oder 2 TL Currypulver
- 3 Frühlingszwiebeln, Ringe

Pilze, Paprika und Tomaten

Für 4 Personen

Eine üppige thailändische Reistafel:
- *Auberginensalat mit bunter Sauce (S. 124)*
- *Goldbraune Tofu-Bällchen (S. 130)*
- *Pikante Mangosauce (S. 130)*
- *Curry mit grünem Gemüse (S. 132)*
- *Pilze, Paprika und Tomaten*
- *Reis*

Sojasauce, Speisestärke und Zucker glattrühren. Öl in einer großen Pfanne oder einem Wok erhitzen. Knoblauchzehen und Chili unter Rühren kurz anbraten. Paprika und Karotten dazugeben, leicht salzen, unter Rühren 3 Minuten braten. Pilze dazugeben, bei starker Hitze unter Rühren 2 Minuten braten. Tomaten hinzufügen, 4 Minuten erhitzen. Sojasaucenmischung unter das Gemüse rühren, kurz aufkochen. Gemüse auf einer großen Platte anrichten, mit Erdnüssen und Basilikum bestreuen.

Zutaten

- 3 EL Sojasauce
- 1 EL Speisestärke
- 1 Prise brauner Zucker
- 3 EL Öl
- 3 Knoblauchzehen, fein gehackt
- 1 rote Chilischote, fein gehackt
- 1 gelbe Paprika, 3 mm dünne Streifen
- 1 rote Paprika, 3 mm dünne Streifen
- 100 g Karotten, 3 mm dünne Stifte
- Salz
- 500 g Austernpilze, mundgerechte Stücke
- 200 g Tomaten, abgezogen, Schnitze oder geschälte Tomaten aus der Dose
- 2 EL geröstete Erdnüsse
- 1 EL Basilikum, fein gehackt

Pfannengerührtes Kraut

Für 4 Personen

Feinst geschnittene Krautstreifen unter Rühren schnell gebraten, mit gerösteten Sesam-Kokosflocken bestreut, da riskieren auch Gemüsemuffel einen Bissen – und wollen mehr.

Sojasauce, Wasser und Speisestärke mit der Gabel glattrühren. Öl in einer Pfanne oder einem Wok erhitzen. Knoblauch, Ingwer und Chili kurz unter Rühren anbraten. Der Knoblauch darf nicht braun werden, er wird sonst bitter. Cumin dazugeben, kurz unter Rühren anrösten. Kraut, Karotten und Sprossen hinzufügen, unter Rühren 4 Minuten braten. Das Gemüse muß sehr knackig bleiben. Sojamischung dazugeben, unter Rühren noch 1 Minute erhitzen. Gebratenes Kraut auf einer Platte anrichten, mit Koriandergrün und Sesam-Kokosflocken bestreuen.

Zutaten

- 2 EL Sojasauce, 4 EL Wasser
- 2 TL Speisestärke
- 2 EL Öl
- 2 Knoblauchzehen, fein gehackt, 1 TL Ingwer, fein gehackt, 1 grüne Chilischote, fein gehackt
- 1/2 TL Cumin
- 300 g Weißkraut, 3 mm feine Streifen
- 100 g Karotten, 3 mm dünne Stifte
- 100 g Mungsprossen
- 1 EL Koriandergrün, fein gehackt
- 2 EL Sesam-Kokosflocken (S. 124)

Mango-Kokos-Sorbet

Für 4 Personen (Foto links)

Am einfachsten geht's in der Eismaschine. Das Gefrierfach, eine flache Schüssel und ein Rührlöffel sind aber für die häusliche Eisproduktion auch bestens geeignet.

Alle Zutaten im Mixer fein pürieren. Die Flüssigkeit zugedeckt in einer flachen Schüssel in das Gefrierfach stellen. Alle 20 Minuten kräftig umrühren und darauf achten, daß sich am Schüsselrand keine feste Eisschicht bildet. Das Sorbet insgesamt 2 Stunden gefrieren. Sorbet portionsweise auf Desserttellern anrichten.

Zutaten

- 1 große, reife Mango, Stücke
- 100 ml dicke Kokosmilch (S. 128)
- 1 TL Limettensaft
- 2 EL brauner Zucker
- 1 Prise Kardamom
- 1/4 TL Zimt

Gebratene Bananen

Für 4 Personen (Foto links)

Eine verführerische, heiß-kalte Mischung: gebratene Bananen mit Mango-Kokos-Sorbet. Portionsweise anrichten und sofort servieren.

Orangensaft, Honig und Zimt verrühren. Butter in einer Pfanne schmelzen. Bananen auf beiden Seiten kurz anbraten. Bananenscheiben portionsweise anrichten, etwas Orangensauce darübergeben, mit Orangenscheiben garnieren.

Zutaten

- Saft von 1 Orange
- 1 EL Honig
- 1 Prise Zimt
- 2 EL Butter
- 4 Bananen, Längsscheiben
- 8 Orangenscheiben

Ananaskompott in Kokosmilch

Für 4 Personen

Kokosmilch mit Zucker, Kardamom und Zimt zum Kochen bringen. Ananas hinzufügen, 15 Minuten zugedeckt köcheln. Das Kompott schmeckt heiß oder kalt und besonders gut mit Schlagsahne.

Zutaten

- 300 ml dicke Kokosmilch (S. 128)
- 3 EL brauner Zucker
- 1 gute Prise Kardamom
- 1 gute Prise Zimt
- 1 kleine Ananas, 1 cm dicke Scheiben

TÜRKEI & ARABISCHE LÄNDER

Üppig sind die Tafelfreuden der orientalischen Küche: Wird auf glänzenden Messingtabletts eine arabische Tafel aufgetragen, finden die vielen Teller und Schälchen keinen Platz auf dem Tisch: pikante Cremes aus Hülsenfrüchten und Käse, gefüllte Gemüse, knusprige Falafelbällchen, Zucchiniküchlein, duftendes Pilaw, Nüsse und Oliven. Dazu viel Fladenbrot, das praktischerweise die Gabel ersetzen kann. Duftende Gewürze aus dem Morgenland, vor allem Cumin, Koriander, Safran, Zimt und Piment, frische Minze und cremiges Sesammus – Tahini – bringen die richtige Würze in diese Leckerbissen.

Verführerisch sind auch die süßen Genüsse: Ein Pfirsichsorbet, bestreut mit glänzenden Granatapfelkernen erfrischt nach einem opulenten Mahl. Der Salat aus frischen Datteln und Melonen wird von strahlend weißer Joghurt-Sahne begleitet und Aprikosen-Walnuß-Pralinen schmecken nicht nur zwischen Nil und Euphrat.

Gurkensalat mit Sesam-Joghurt-Dressing

Für 4 Personen

Gurkenwürfel in eine Schüssel geben. Sesamsamen in einer kleinen, trockenen Pfanne unter Rühren kurz anrösten, bis sie anfangen hochzuspringen. Sofort vom Herd nehmen. Joghurt, Sesammus, Zitronensaft, Olivenöl und Knoblauch mit dem Handrührgerät zu einer glatten Sauce vermischen, mit Salz und Pfeffer abschmecken. Gurken mit dem Joghurt-Dressing vermischen. Salat mit geröstetem Sesam und Minze bestreuen.

Zutaten

- 1 Gurke, kleine Würfel
- 1 EL ungeschälte Sesamsamen

Dressing:

- 200 g Joghurt, 1/2 EL Sesammus (Tahini), 2 EL Zitronensaft, 1 EL Olivenöl, 2 Knoblauchzehen, fein gehackt
- schwarzer Pfeffer, Salz
- 1 EL Minze, fein gehackt

Spinatsalat mit Joghurt

Für 4 Personen

Abgetropften Spinat mit etwas Salz in einen großen Topf geben. Zugedeckt bei guter Hitze in 3 Minuten zusammenfallen und in einem Sieb abtropfen lassen.
Spinat in mundgerechte Stücke schneiden. Tiefgekühlten Blattspinat leicht antauen lassen und in wenig Öl etwas andünsten.
Joghurt mit Olivenöl und Knoblauch glattrühren, mit Salz und Pfeffer abschmecken. Spinat mit der Sauce vermischen.

Zutaten

- 500 g frischer oder 300 g tiefgekühlter Blattspinat
- Salz
- 200 g Joghurt
- 2 EL Olivenöl
- 2 Knoblauchzehen, fein gehackt
- Pfeffer

Schafskäsecreme

Für 4 Personen

Schafskäse mit der Gabel fein zerdrücken. Joghurt mit Olivenöl glattrühren. Schafskäse mit Joghurt, Knoblauch, Chili, Minze und Petersilie vermischen. Käsecreme in die Mitte einer Platte geben, mit Tomatenscheiben, Oliven und Minzeblättchen garnieren.

Zutaten

- 200 g Schafskäse (Feta)
- 100 g Joghurt, 1 EL Olivenöl
- 1 Knoblauchzehe, fein gehackt
- 1 Prise Chili
- 1 EL Minze, fein gehackt
- 1 EL Petersilie, fein gehackt
- 2 Tomaten, Schnitze
- 8 schwarze Oliven
- einige Minzeblättchen

Salat von weissen Bohnen

Für 4 Personen

Bohnen abgießen, abtropfen lassen. Bohnen mit 800 ml kaltem Wasser zum Kochen bringen, zugedeckt in ca. 1 Stunde weich köcheln. (Im Schnellkochtopf ca. 25 Minuten.) Bohnen abgießen, Kochwasser auffangen. Bohnen in eine Schüssel geben. 2 EL Olivenöl in einer kleinen Pfanne erhitzen, Cumin unter Rühren kurz anbraten, Paprikawürfel hinzufügen, unter Rühren 3 Minuten braten, leicht salzen. Tomatenmark, Rosenpaprika und Chili mit 6 EL Kochwasser verrühren und über die Paprikawürfel gießen. Die Sauce unter Rühren 1 Minute erhitzen. Paprikasauce, Zwiebel, Knoblauch und Petersilie zu den Bohnen geben.
Aus restlichem Olivenöl, Zitronensaft, Essig und Salz eine Marinade anrühren. Salat mit der Marinade vermischen und mindestens 1 Stunde im Kühlschrank durchziehen lassen. Bohnensalat vor dem Servieren nochmals mit Salz abschmecken.

Zutaten

- 250 g weiße Bohnen, 6 Stunden eingeweicht
- 6 EL Olivenöl
- 1/2 TL Cumin
- 1 rote Paprika, kleine Würfel
- Salz
- 1 EL Tomatenmark
- 1 TL Rosenpaprika
- 1 Prise Chili
- 1 Zwiebel, fein gehackt
- 2 Knoblauchzehen, fein gehackt
- 3 EL Petersilie, fein gehackt
- 1 EL Zitronensaft
- 3 EL Weißweinessig

Tabbouleh

Bulgursalat

Für 4 Personen

Ein gefragter Salat auf der arabischen Vorspeisen-Tafel. Ein zarter Minz-Geschmack, unterstützt von Zitrone und Knoblauch, verbindet lockere Bulgurkörnchen und sehr klein geschnittene Stückchen von frischen Sommergemüsen.

300 ml Wasser mit Salz zum Kochen bringen. Bulgur einstreuen, zugedeckt bei schwacher Hitze 5 Minuten köcheln. Vom Herd nehmen, 20 Minuten ausquellen lassen. Der Bulgur soll körnig locker sein.
Bulgur in eine Schüssel geben und etwas auskühlen lassen, mit den restlichen Zutaten vermischen. Salat mit Salz abschmecken. Bulgur-Salat auf einer Platte anrichten, mit Salatblättern, Tomatenschnitzen und Zitronenscheiben garnieren.

Zutaten

- Salz
- 150 g Bulgur
- 3 Knoblauchzehen, fein gehackt, 2 Tomaten, sehr kleine Würfel, 1/4 Gurke, sehr kleine Würfel, 1/2 gelbe Paprika, sehr kleine Würfel, 1 kleine Karotte, fein gerieben
- 1 kleines Bund Minze, fein geschnitten, 1 Bund Petersilie, fein gehackt, 1 Bund Schnittlauch, fein geschnitten
- abgeriebene Schale von 1/4 unbehandelten Zitrone
- Saft von 1 – 2 Zitronen
- 3 EL Olivenöl, Pfeffer

Garnitur:

- 4 Salatblätter, 1 Tomate, Schnitze, 1/2 Zitrone, Scheiben

Humus

Kichererbsencreme

Für 4 Personen

Sesam-Kichererbsen-Creme, ein Klassiker unter den arabischen Vorspeisen. Leckerer Beweis für die unerschöpfliche Phantasie im Umgang mit den auf den ersten Blick so unscheinbaren Hülsenfrüchten.

Kichererbsen abgießen, abtropfen lassen, mit 1 l kaltem Wasser zum Kochen bringen, zugedeckt in 1 – 2 Stunden weich kochen. (Im Schnellkochtopf 30 – 40 Minuten.) Kichererbsen in einem Sieb abgießen, Kochwasser auffangen. 80 ml Kochwasser abmessen.
Cumin in einer trockenen Pfanne kurz unter Rühren anrösten. Kichererbsen durch den Fleischwolf drehen. Kichererbsenpüree mit Zitronensaft, Öl, Tahini, Cumin und Kochwasser im Mixer oder mit dem Mixstab fein pürieren. Knoblauch unterrühren, mit Salz und Pfeffer abschmecken. Humus auf einem großen Teller glattstreichen, mit Paprikapulver und Koriandergrün bestreuen.

Zutaten

- 200 g Kichererbsen, über Nacht eingeweicht
- 1/2 TL Cumin
- Saft von 1 1/2 Zitronen
- 50 ml Olivenöl
- 1 EL Tahini (Sesammus)
- 3 Knoblauchzehen, fein gehackt
- Salz, Pfeffer
- 1/2 TL Paprikapulver, edelsüß
- 1 EL Koriandergrün oder Petersilie, fein gehackt

Baba Ghannooj

Auberginencreme

Für 4 Personen

Pikante, gut gewürzte Cremes aus Gemüse, Hülsenfrüchten, Joghurt und Sesam, die elegant mit etwas Fladenbrot aufgestippt werden, sind ein Hauptbestandteil der Vorspeisentafeln von Marokko bis in die arabischen Staaten.

Auberginenstiele abschneiden. Auberginen rundum dreimal mit der Gabel tief einstechen. Die ganzen Auberginen im vorgeheizten Ofen bei starker Hitze ca. 45 Minuten backen. Die Haut soll sich schwarzbraun verfärben. Auberginen etwas abkühlen lassen, längs durchschneiden. Die Flüssigkeit, die sich in der Aubergine angesammelt hat, abgießen. Fruchtmark aus der Schale schneiden. Mit Zitronensaft, Tahini und Olivenöl im Mixer oder mit dem Mixstab fein pürieren. Die Creme mit Knoblauch, Zwiebel und Petersilie vermischen, mit Salz und Pfeffer abschmecken. Etwas durchziehen lassen.

Zutaten

- 700 g Auberginen
- 2 – 3 EL Zitronensaft
- 1 EL Tahini (Sesammus)
- 2 EL Olivenöl
- 3 Knoblauchzehen, fein gehackt
- 1/2 Zwiebel, fein gehackt
- 2 EL Petersilie, fein gehackt
- Salz, Pfeffer

Labna

Hausgemachter Joghurt-Frischkäse

Für 4 Personen

Mit wenigen Handgriffen ist der cremige und dabei fettarme Joghurt-Frischkäse in der eigenen Küche zubereitet.

Ein großes Sieb mit einem Küchentuch auslegen. Sieb über eine Schüssel hängen. Joghurt in das Sieb schütten, im Kühlschrank zugedeckt 8 Stunden abtropfen lassen.
Aus dem Frischkäse kleine Bällchen formen, auf einer Platte anrichten, mit den Kräutern bestreuen.

Zutaten

- 1 kg Joghurt
- 1 EL Petersilie, fein gehackt
- 1 EL Dill, fein gehackt
- 1 TL Minze, fein gehackt

Türkische Joghurtsuppe

Für 4 Personen

Erfrischende Minze ist ein grundlegendes Gewürz der orientalischen Küche. Minze ist ein robustes Pflänzchen und gedeiht auch im Balkonkasten. Sie überlebt den härtesten Winter und breitet sich im Kräutergarten extensiv aus. Frische Minze kann auch durch eine Prise getrocknete Pfefferminze ersetzt werden. Damit das Aroma richtig zur Geltung kommt, die getrocknete Pfefferminze zwischen den Fingern zerreiben.
Damit diese sehr einfach gekochte Suppe perfekt gelingt, müssen Sie ausdauernd und kräftig mit dem Schneebesen rühren.

Grieß in einem trockenen Topf unter Rühren kurz anrösten, 3/4 l Wasser mit dem Schneebesen einrühren, mit Gemüsebrühwürfeln, Muskat, Piment, Lorbeerblatt und Pfeffer würzen. Die Suppe 8 Minuten köcheln. (Nicht zudecken, die Suppe kocht leicht über.) Suppe vom Herd nehmen. Joghurt, Mehl, Eigelb und das restliche Wasser mit dem Schneebesen glattrühren. Joghurtmischung nach und nach in die Suppe rühren. Die Suppe unter ständigem Rühren langsam zum Kochen bringen. 8 Minuten köcheln, ab und zu umrühren. Mit Salz abschmecken. Suppe mit Minze bestreut servieren.

Zutaten

- 50 g Grieß
- 2 Gemüsebrühwürfel
- 1 gute Prise Muskat
- 1 Prise Piment
- 1 Lorbeerblatt
- schwarzer Pfeffer
- 100 g Joghurt
- 1 EL Mehl
- 1 Eigelb
- Salz
- 1 EL Minze, fein gehackt

Spinatsuppe „Kairo“

Für 4 Personen (Foto rechts)

Zwiebel und Knoblauch im Öl unter Rühren goldgelb braten. Kartoffeln, 700 ml Wasser, Gemüsebrühwürfel, Muskat, Pfeffer und Safran dazugeben, zugedeckt 15 Minuten köcheln, bis die Kartoffeln weich sind.
Die Suppe im Mixer oder mit dem Mixstab fein pürieren, zurück in den Topf geben. Joghurt, Mehl, Eigelb und 300 ml Wasser mit dem Schneebesen glattrühren. Joghurtmischung nach und nach in die Suppe rühren. Unter Rühren langsam zum Köcheln bringen. Suppe 4 Minuten köcheln.
Spinat mit etwas Salz in einen Topf geben. Zugedeckt bei mittlerer Hitze in 3 Minuten zusammenfallen und in einem Sieb abtropfen lassen. Spinat in die Suppe rühren, 1 Minute köcheln. Suppe mit Salz abschmecken, mit Dill garniert servieren.

Zutaten

- 1 Zwiebel, fein gehackt
- 4 Knoblauchzehen, fein gehackt
- 2 EL Olivenöl
- 100 g Kartoffeln, kleine Würfel
- 2 Gemüsebrühwürfel
- 1 Prise Muskat
- schwarzer Pfeffer
- 1 kleine Dose Safranfäden
- 100 g Joghurt
- 1 EL Mehl
- 1 Eigelb
- 200 g Spinat
- Salz
- 2 EL Dill, fein gehackt

Syrischer Gemüsetopf

Für 4 Personen

Dieser Gemüseeintopf aus Paprika, Auberginen und Zucchini mit sämiger Tomatensauce wird mit einer typischen Gewürzmischung aus Cumin, Koriander, Zimt und Chili aromatisiert. Dazu Reis und selbstverständlich entweder Joghurt pur oder einen Salat mit diesem angenehm frischen Milchprodukt, z.B. Spinat-Joghurt-Salat oder Gurkensalat mit Sesam-Joghurt-Dressing.

Olivenöl in einem großen flachen Topf erhitzen. Zwiebel und Knoblauch unter Rühren goldgelb braten. Cumin, Koriander, Zimt und Chili dazugeben, unter Rühren kurz anbraten. Paprikastreifen und Auberginen dazugeben, unter Rühren 3 Minuten anbraten, leicht salzen. Zucchini dazugeben, unter Rühren 3 Minuten braten.
Gemüse mit Brühe aufgießen, zugedeckt 5 Minuten dünsten. Tomaten dazugeben, Gemüse mit Salz abschmecken, zugedeckt noch 10 Minuten dünsten. Gemüsetopf mit Petersilie und Frühlingszwiebeln garniert servieren.

Zutaten

- 4 EL Olivenöl
- 1 Zwiebel, fein gehackt
- 4 Knoblauchzehen, fein gehackt
- 1 TL Cumin, 1/2 TL Koriander
- 1/4 TL Zimt
- 1 Prise Chili
- 2 rote Paprikaschoten, 5 mm breite Streifen
- 300 g Auberginen, 1 cm große Würfel
- Salz
- 300 g Zucchini, 1 cm dicke Scheiben
- 100 ml Gemüsebrühe
- 300 g Tomaten, abgezogen, Würfel
- 1 EL Petersilie, fein gehackt
- 1 Frühlingszwiebel, feine Ringe

Zucchini gefüllt mit Spinat und Schafskäse

Für 4 Personen

Gefüllte Gemüse sind Leibgerichte von Stambul bis Bagdad. Zwei wie füreinander geschaffen sind grüner Spinat und weißer Schafskäse. Sie ergeben eine besonders gelungene Füllung für feste Zucchini. Dazu wird kalte, scharfe Tomatensauce gereicht.

Zucchini längs halbieren. Zucchinifleisch mit dem Löffel herauskratzen, einen Rand von 1/2 cm stehen lassen. Zucchinifleisch fein hacken. 2 EL Olivenöl in einer Pfanne erhitzen, Knoblauch unter Rühren kurz anbraten. Zucchinifleisch dazugeben, salzen, unter Rühren in 5 Minuten einkochen. Tropfnassen Blattspinat mit etwas Salz in einen Topf geben. Zugedeckt bei mittlerer Hitze in 2 Minuten zusammenfallen und in einem Sieb abtropfen lassen. In Stücke schneiden. Tiefgekühlten Spinat leicht antauen lassen, 2 Minuten in etwas Öl andünsten.

Zucchinimark mit Spinat, Schafskäse, Toastbrotbrösel, Ei, Petersilie und Dill vermischen. Die Masse mit Salz und Pfeffer abschmecken, in die Zucchinihälften füllen. Eine große flache Auflaufform mit 1 EL Öl ausstreichen. Zucchini nebeneinander hineinsetzen, mit 1 EL Öl beträufeln. Zucchini im vorgeheizten Ofen bei mittlerer Hitze ca. 18 Minuten überbacken.

Zutaten

- 1 kg mittelgroße Zucchini
- 5 EL Olivenöl
- 3 Knoblauchzehen, fein gehackt
- Salz
- 300 g frischer oder tiefgekühlter Blattspinat
- 100 g Schafskäse, kleine Stücke
- 1 Scheibe Vollkorntoast, fein zerbröselt
- 1 Ei
- 2 EL Petersilie, fein gehackt
- 1 EL Dill, fein gehackt
- Pfeffer

Kalte pikante Tomatensauce

Für 4 Personen (Foto S. 151)

Cumin und Koriander kurz in einer trockenen Pfanne anrösten. Tomaten, Paprikapulver, Chili, Knoblauch, Frühlingszwiebel und Olivenöl vermischen. Die Sauce mit Salz abschmecken.

Zutaten

- 1 TL Cumin, 1 TL Koriander
- 300 g Tomaten, abgezogen, sehr kleine Würfel
- 1 TL Paprika, edelsüß
- 2–3 rote Chilischoten, fein gehackt, 3 Knoblauchzehen, fein gehackt, 1 Frühlingszwiebel, feine Ringe
- 1 Bund Petersilie, fein gehackt
- 2 EL Olivenöl
- Salz

Persisches Paprikapilaw

Für 4 – 6 Personen

„Alles auf einmal" heißt die Devise, wenn im Vorderen Orient das Essen aufgetragen wird. Reisgerichte, Gemüse, Salate, Saucen und Fladenbrot. Eine angenehme Art zu essen, jeder kann sich nach Lust und Laune sein eigenes Menü zusammenstellen. Weiterer Vorteil dieser geselligen Eßgewohnheit: Koch oder Köchin müssen nicht nach jedem Gang aufspringen, abräumen und neu auftragen.

Ganze Paprikaschoten im vorgeheizten Ofen bei starker Hitze 20 Minuten backen, einmal umdrehen. Die Haut der Paprika verfärbt sich schwarzbraun und wirft Blasen. Paprika in einer Plastiktüte etwas abkühlen lassen, Stiel und Kerne entfernen, Haut abziehen. Paprika möglichst in einem Stück lassen.
Öl in einem Topf mit dickem Boden erhitzen. Zwiebeln und Knoblauch in 10 Minuten glasig dünsten. Koriander, Piment, Muskat, Zimt und Reis dazugeben, unter Rühren anbraten, bis alle Reiskörner glänzend mit Öl überzogen sind. Mit Gemüsebrühe aufgießen, zugedeckt 45 Minuten köcheln.
1 EL Butter in einer kleinen Pfanne erhitzen, Pinienkerne unter Rühren goldgelb braten. Reis mit Pinienkernen, Tomaten und Petersilie vermischen. Joghurt mit Ei glattrühren. Eine Auflaufform mit 1 EL Butter ausstreichen. Abwechselnd eine Schicht Reis und eine Schicht Paprikaschoten in die Form geben. Paprika zuvor in der Joghurtsauce wenden. Das Pilaw mit einer Schicht Reis abschließen. Restliche Joghurtsauce über den Reis gießen. Form gut verschließen, Pilaw im vorgeheizten Ofen bei mittlerer Hitze 30 Minuten backen.

Zutaten

- 5 große, rote Paprikaschoten
- 2 EL Olivenöl
- 200 g Zwiebeln, fein gehackt
- 3 Knoblauchzehen, fein gehackt
- 1 TL Koriander
- 1 Prise Piment
- 1 gute Prise Muskat
- 1 Prise Zimt
- 200 g Naturreis (Rundkorn)
- 400 ml Gemüsebrühe
- 2 EL Butter
- 60 g Pinienkerne
- 200 g Tomaten, abgezogen, kleine Würfel
- 1 Bund Petersilie, fein gehackt
- 200 g Joghurt
- 1 Ei, verquirlt

Ayran

Für 4 Personen

Erfrischendes Joghurtgetränk für heiße Tage.

In einer großen Schüssel den Joghurt, Wasser, Salz und Minze mit dem Schneebesen glattrühren. Ayran mit Eiswürfeln servieren.

Zutaten

- 500 g Joghurt
- 500 ml kaltes Wasser
- 1 Prise Salz
- 1 TL Minze, fein gehackt
- Eiswürfel

Gemüse-Couscous

Für 4 – 6 Personen (Foto rechts)

Das marokkanische Nationalgericht. Gemüse in würziger Brühe auf körnig lockerem Couscous. Dazu gibt es eine höllisch scharfe Sauce zur Selbstbedienung. Couscous läßt sich gut vorbereiten und leidet nicht, wenn es einmal aufgewärmt wird. Ideal, um eine große Gästezahl mit einer Speise aus dem Morgenland zu verwöhnen.

Kichererbsen abgießen, abtropfen lassen, mit 1,5 l Wasser zum Kochen bringen, zugedeckt in 1 – 2 Stunden weich köcheln. (Im Schnellkochtopf 30 – 40 Minuten.)
Olivenöl in einem großen, flachen Topf erhitzen. Zwiebeln und Knoblauch 10 Minuten andünsten, dann unter Rühren goldgelb braten. Cumin, Koriander, Zimt und Muskat dazugeben, kurz unter Rühren anrösten. Paprika, Karotten, Sellerie, Kraut und Bohnen hinzufügen, leicht salzen, unter Rühren 2 Minuten anbraten. Mit Kichererbsen und Kochwasser aufgießen, mit Gemüsebrühe, Safran und Nelke würzen, zugedeckt ca. 20 Minuten köcheln. Zucchini und Tomaten unterrühren. Zugedeckt 5 Minuten köcheln. Vom Herd nehmen, mit Petersilie und Minze würzen.
Chilischoten im Mörser fein zerstoßen oder fein hacken, mit einem Schöpfer Kochflüssigkeit vermischen. Diese Chilisauce getrennt zum Couscous reichen.

Zutaten

- 150 g Kichererbsen, über Nacht eingeweicht
- 5 EL Olivenöl
- 3 Zwiebeln, feine Ringe
- 6 Knoblauchzehen
- 1 TL Cumin, 1 TL Koriander
- 1 Prise Zimt
- 1 gute Prise Muskat
- 1 grüne Paprika, breite Streifen
- 1 rote Paprika, breite Streifen
- 100 g Karotten, 2 cm dicke Scheiben
- 100 g Selleriewurzel, kleine Würfel
- 200 g Weißkraut, 2 cm breite Streifen
- 200 g grüne Bohnen, halbiert
- Salz
- 1 – 2 Würfel Gemüsebrühe
- 1 Nelke, 1 kleine Dose Safran
- 200 g Zucchini, 2 cm dicke Scheiben, 400 g Tomaten, abgezogen, Viertel
- 3 EL Petersilie, fein gehackt
- 1 TL Minze, fein gehackt
- 3 getrocknete Chilischoten

Couscous

Marokkanischer Weizengriess

Für 4 Personen

Couscous mit 100 ml heißem Wasser vermischen, 10 Minuten quellen lassen. Ein großes Sieb mit einem Küchentuch ausschlagen. Couscous hineinschütten. Sieb über einen Topf mit kochendem Wasser hängen. Couscous 30 Minuten zugedeckt dämpfen. Couscous mit der Gabel auflockern, mit 150 ml heißem Wasser vermischen und noch 30 Minuten dämpfen. In dieser Zeit nach und nach 250 ml heißes Wasser und etwas Salz untermischen. Ab und zu mit der Gabel auflockern. Couscous mit Mandeln, Paprika und Petersilie garnieren.

Zutaten

- 500 g Couscous
- Salz
- 50 g geröstete Mandeln
- 1 TL Rosenpaprika
- 1 EL Petersilie, fein gehackt

Die Auberginen des Kalifen

Für 4 Personen

Pralle Auberginen gefüllt mit Pinienkernen, Rosinen und Reis schmoren in Tomatensauce. Ein Gericht, das sich gut vorbereiten läßt. Kurz bevor die Gäste kommen, werden die Auberginen in den Ofen geschoben. Schmeckt heiß und kalt.

Auberginen längs halbieren, mit Salz bestreuen, 30 Minuten Wasser ziehen lassen. Auberginen abwaschen, trockentupfen. Auberginenfleisch mit dem Löffel herausheben, einen 1 cm dicken Rand stehen lassen. Auberginenfleisch fein hacken.
4 EL Öl erhitzen, Zwiebeln und Knoblauch 10 Minuten andünsten, dann unter Rühren goldbraun braten. Auberginenfleisch dazugeben, leicht salzen, unter Rühren 5 Minuten braten. Tomaten untermischen, mit Muskat, Piment, Zimt und Salz würzen. In 5 Minuten zu einer dicken Masse einkochen, ab und zu umrühren. Reis, Pinienkerne, Rosinen und Dill untermischen. Die Masse in die Auberginenhälften füllen.
Alle Zutaten für die Tomatensauce vermischen, in eine flache Auflaufform gießen. Auberginen nebeneinander in die Form setzen, mit 1 EL Olivenöl beträufeln, im vorgeheizten Ofen bei mittlerer Hitze ca. 45 Minuten backen.

Zutaten

- 1 kg mittelgroße Auberginen
- Salz
- 5 EL Olivenöl
- 300 g Zwiebeln, feine Ringe
- 5 Knoblauchzehen, gehackt
- 300 g Tomaten, abgezogen, Würfel
- je 1 Prise Muskat, Piment und Zimt
- 100 g gekochter Naturreis
- 4 EL Pinienkerne
- 2 EL Rosinen
- 1 Bund Dill, fein gehackt
- Pfeffer

Tomatensauce:

- 600 g Tomaten, abgezogen, Würfel
- 400 ml Gemüsebrühe,
- 2 EL Olivenöl
- 1/2 TL getrocknete Minze
- 1/2 TL Oregano
- 1 Lorbeerblatt

Zucchiniküchlein

Für 4 Personen

Zu den knusprigen Gemüseküchlein gibt es scharfe Tomatensauce (S. 144).

Schafskäse mit der Gabel fein zerdrücken. Schafskäse, Zucchini, Frühlingszwiebeln, Mehl, Eier, Dill und Petersilie vermischen. Die Masse mit Chili und Salz abschmecken.
In einer Pfanne Öl erhitzen. Mit dem Löffel etwas Zucchinimasse in das Öl gleiten lassen, etwas auseinanderstreichen.
Die dünnen Küchlein auf beiden Seiten knusprig braun braten.
Auf Küchenpapier abtropfen lassen, heiß servieren.

Zutaten

- 100 g Schafskäse
- 800 g Zucchini, grob geraspelt
- 3 Frühlingszwiebeln, feine Ringe
- 150 g Mehl
- 3 Eier
- 3 EL Dill, fein gehackt
- 2 EL Petersilie, fein gehackt
- 1 Prise Chili
- Salz
- Öl zum Ausbacken

Libanesische Pizza

Für 4 Personen

Das Geheimnis der kleinen, orientalischen Pizza: dünner Teig, wenig, aber sehr würziger Belag, kurze Backzeit. So wird die Pizza knusprig lecker.

Mehl, Honig, Trockenhefe, Öl und Salz in eine Schüssel geben. Lauwarmes Wasser nach und nach dazugießen. In 10 Minuten einen geschmeidigen Teig kneten, der nicht mehr an den Händen klebenbleibt. Teig zugedeckt 1 Stunde an einem warmen Platz gehen lassen. Teig kurz durchkneten, 10 Bällchen formen, diese auf einer bemehlten Fläche, zugedeckt, nochmals 20 Minuten gehen lassen.

2 EL Olivenöl in einer großen Pfanne erhitzen, Auberginenscheiben nacheinander auf beiden Seiten weich braten, leicht salzen, in sehr kleine Stücke schneiden. Zwiebeln 10 Minuten in 2 EL Olivenöl andünsten. Knoblauch dazugeben, unter Rühren goldgelb braten. Paprika dazugeben, unter Rühren 5 Minuten braten. In einer Schüssel Auberginen, Paprika, Tomaten, Mandeln, Paprikapulver, Oregano, Cumin und Petersilie vermischen. Mit Salz und Pfeffer abschmecken. Teigbällchen rund ausrollen (15 cm Durchmesser). Backblech mit 1/2 EL Olivenöl bestreichen, Pizzen darauf legen. Füllung auf den Böden verteilen, dünn ausstreichen. Pizzen mit Schafskäse und Koriander bestreuen, mit restlichen Olivenöl beträufeln. Im vorgeheizten Ofen bei starker Hitze 8 Minuten backen. Sofort servieren.

Zutaten

Teig:

- 250 g feines Weizenvollkornmehl
- 1 TL Honig
- 1 Pck. Trockenhefe
- 2 EL Olivenöl
- 1/2 TL Salz
- 125 – 150 ml lauwarmes Wasser

Belag:

- 6 EL Olivenöl
- 500 g Auberginen, 1 cm dünne Längsscheiben
- Salz
- 2 Zwiebeln, fein gehackt
- 2 Knoblauchzehen, fein gehackt
- 2 grüne Paprika, sehr kleine Würfel
- 400 g Tomaten, abgezogen, kleine Würfel
- 40 g Mandeln, fein gehackt
- 1 TL Rosenpaprika
- 1/2 TL Oregano
- 1/2 TL Cumin
- 2 EL Petersilie, fein gehackt
- Pfeffer
- 200 g harter Schafskäse, fein gerieben
- 2 TL ganze Koriandersamen

Pfefferminztee

Für 4 Personen

Paßt zu jedem arabischen Essen.

Frische Minze auf hitzefeste Teegläser verteilen. Grünen Tee in eine Kanne geben, mit kochendem Wasser aufgießen, 1 Minute ziehen lassen, durch ein Sieb in die Teegläser mit Minze gießen. Tee mit Minzeblättchen servieren. Nach Belieben mit Zucker süßen.

Zutaten

- 8 Zweige frische Minze
- 4 TL grüner Tee
- 800 ml Wasser
- Zucker

Falafel

Kichererbsenbällchen

Für 4 Personen (Foto rechts)

Die arabische Antwort auf Burger und Pizza und Fast food vom Feinsten. Pitta, ein kleines Fladenbrot, wird wie eine Tasche aufgeschnitten und mit knusprig ausgebackenen Falafel-Bällchen, kleingeschnittenem Salat, Zwiebeln, Tomaten, Gurken, Joghurt, scharfer Tomaten- und Taratoor-Sauce gefüllt. Zum Anbeißen gut! Pitta-Brot gibt es in türkischen Lebensmittelläden.

Kichererbsen abgießen, abtropfen lassen. Kichererbsen durch die feinste Scheibe des Fleischwolfs drehen, mit Knoblauch, Petersilie, Zwiebel, Cumin, Koriander, Chili und Mehl zu einer festen Masse kneten. Mit Salz kräftig abschmecken.
Reichlich Öl in einem flachen Topf erhitzen. Zuerst nur ein Falafelbällchen (3 cm Durchmesser) zur Probe backen. Falls nötig, noch etwas Mehl in den Falafelteig mischen.
Falafelbällchen im Öl knusprig braun backen. Nicht zu viele Bällchen gleichzeitig backen, sonst schäumt das Öl über.
Falafel auf Küchenpapier abtropfen lassen.

Zutaten

- 250 g Kichererbsen, über Nacht eingeweicht
- 3 Knoblauchzehen, fein gehackt
- 3 EL Petersilie, fein gehackt
- 1 kleine rote Zwiebel, fein gehackt
- 1 TL Cumin
- 1 TL Koriander
- 1 Prise Chili
- 6–8 EL Mehl
- Salz
- Öl zum Ausbacken

Taratoorsauce

Sesamsauce

Für 6–8 Personen (Foto rechts)

Ein Grundrezept der arabischen Küche. Pur zu Falafel, Salaten und gegrilltem Gemüse. Mit Joghurt vermischt eine ausgezeichnete Marinade für gedämpften Spinat und gebratene Auberginen. Tahini, das cremige Sesammus aus ungeschälten Sesamsamen, gibt es im Naturkostgeschäft.

Tahini, Zitronensaft, Knoblauch, Salz und Wasser mit dem Handrührgerät glattrühren. Falls nötig, noch etwas Wasser löffelweise unterrühren, bis die Sauce die Konsistenz einer Mayonnaise hat. Mit Salz abschmecken.

Zutaten

- 100 g Tahini (Sesampaste)
- Saft von 1 Zitrone
- 2 Knoblauchzehen, fein gehackt
- Salz
- 80 ml kaltes Wasser

Melonen-Dattel-Salat mit Joghurtsahne

Für 4 Personen

Saftige Melonen und verführerisch süße Datteln, eine gelungene Fruchtkombination aus der süßen, orientalischen Küche.

Melone, Trauben und Datteln in eine Schüssel geben. Orangen- und Zitronensaft mit Honig und Zimt verrühren, mit den Früchten vermischen. Fruchtsalat im Kühlschrank etwas durchziehen lassen.

Butter in einer kleinen Pfanne schmelzen, Mandeln unter Rühren goldbraun braten. Sahne mit Vanillezucker steifschlagen, mit Joghurt glattrühren.

Fruchtsalat portionsweise auf Desserttellern anrichten, einen Klacks Joghurtsahne darübergeben, mit Mandeln garnieren.

Zutaten

- 1 kleine Netzmelone, kleine Stücke oder Kugeln
- 100 g blaue Weintrauben
- 10 frische Datteln, feine Streifen
- Saft von 1 Orange
- 1 EL Zitronensaft
- 2 TL Honig
- $^1/_4$ TL Zimt
- 1 EL Butter
- 2 EL Mandelsplitter
- 150 ml Sahne
- 1 Pck. Natur-Vanillezucker
- 150 g Joghurt

Ägyptisches Pfirsichsorbet

Für 4 Personen

Nach einem Schlemmermahl das richtige Dessert. Damit Farbe auf den Teller kommt, wird das Sorbet mit glänzend roten Granatapfelkernen bestreut.

Pfirsich mit Orangensaft, Honig, Zitronenschale und Zimt im Mixer oder mit dem Mixstab fein pürieren, durch ein Sieb streichen. Fruchtmus zugedeckt in einer flachen Schüssel in das Gefrierfach stellen. Alle 20 Minuten kräftig umrühren, darauf achten, daß sich am Schüsselrand keine feste Eisschicht bildet. Das Sorbet insgesamt 2 Stunden gefrieren. Sorbet portionsweise auf Desserttellern anrichten: Kugeln abstechen, mit Granatapfelkernen garnieren.

Zutaten

- 400 g reife Pfirsiche
- 100 ml Orangensaft, frisch gepreßt
- 2 EL Honig
- abgeriebene Schale von $^1/_4$ unbehandelten Zitrone
- 1 Prise Zimt
- 1 Granatapfel, einzelne Kerne

Bananen-Dattel-Dessert

Für 4 Personen
Mit Sesamkrokant bestreut, lockt dieses Dessert jede Dame aus dem Harem.

Sahne fast steifschlagen. Joghurt mit Vanillezucker, Kardamom und Zimt glattrühren, mit der Sahne vermischen. Die Hälfte der Bananenscheiben nebeneinander in eine flache Form legen. Mit der Hälfte der Sahnecreme bestreichen. Datteln darauf verteilen, mit den restlichen Bananen bedecken. Die restliche Creme auf den Früchten verteilen. Das Dessert 3 Stunden im Kühlschrank durchziehen lassen. Mit Pistazien bestreuen.

Zutaten

- 150 ml Sahne
- 150 g Joghurt
- 1 Pck. Natur-Vanillezucker
- zerstoßene Samen aus 2 Kardamomkapseln
- 1 gute Prise Zimt
- 3 Bananen, 1 cm dicke Längsscheiben
- 300 g frische Datteln, enkernt, halbiert
- 2 EL Pistazien, fein gehackt

Pfirsichkompott des Grosswesirs

Für 4 – 6 Personen
In sämiger Kokosmilch werden die reifen Früchte kurz geköchelt.

Pfirsiche einen Moment in kochendes Wasser legen, abgießen, abtropfen lassen. Haut abziehen. Pfirsiche halbieren und Kerne entfernen.
Kokosflocken mit 300 ml kaltem Wasser zum Kochen bringen. Sofort vom Herd nehmen, durch ein Sieb gießen, Kokosflocken mit einem Rührlöffel gut ausdrücken. Kokosmilch mit Zucker, Zitronenschale, Zimt und Nelke zum Kochen bringen. Pfirsichhälften dazugeben, Kompott 5 Minuten leicht köcheln. Vom Herd nehmen, mit Zitronensaft abschmecken. Kompott abkühlen lassen. Sahne mit Vanillezucker sehr steifschlagen, zum Kompott reichen.

Zutaten

- 1 kg Pfirsche
- 100 g Kokosflocken
- 3 EL brauner Zucker
- abgeriebene Schale von 1/2 unbehandelten Zitrone
- 1/2 TL Zimt
- 1 Nelke
- 1 TL Zitronensaft
- 150 ml Sahne
- 1 Pck. Natur-Vanillezucker

Aprikosen-Walnuss-Pralinen

Für 4 – 6 Personen

Aprikosen und Walnüsse durch die feine Scheibe des Fleischwolfs drehen. Aprikosenmasse mit Zimt und Likör gut verkneten. Mit befeuchteten Händen kleine Kugeln formen (2 cm Durchmesser). Die Kugeln in Kokosflocken wälzen.

Zutaten

- 400 g getrocknete, ungeschwefelte Aprikosen
- 100 g Walnüsse, 1 Prise Zimt
- 3 EL Aprikosenlikör oder Weinbrand, 50 g Kokosflocken

Fatimas Entzücken

Aprikosen-Joghurt-Creme

Für 4 Personen (Foto links)

Für diese köstliche Creme, die im „Mixerumdrehen" zubereitet ist, braucht man etwas Geduld: Der Joghurt muß zuerst mehrere Stunden in einem Sieb abtropfen. Aber das kann ja nicht als Arbeitszeit gewertet werden.

Ein großes Sieb über eine Schüssel hängen, mit einem Küchenhandtuch ausschlagen. Joghurt hineingießen und im Kühlschrank 6 Stunden abtropfen lassen.
Aprikosen, Zimt, Honig und Vanillezucker mit dem Mixstab fein pürieren. Aprikosenmus mit dem Joghurtfrischkäse glattrühren. Sahne sehr steifschlagen und unter die Aprikosencreme heben. Creme portionsweise anrichten, mit Granatapfelkernen garnieren.

Zutaten

- 1 kg Joghurt
- 400 g reife Aprikosen
- 1 gute Prise Zimt
- 2 EL Honig
- 1 Pck. Natur-Vanillezucker
- 125 ml Sahne
- Kerne aus 1 Granatapfel

Sesamkrokant

Für 4 Personen (Foto links)

Diese honigsüße Knabberei ist kinderleicht und in Minutenschnelle zubereitet. Sesamkrokant wird über Obstsalat, Eiscreme, Bananen-Dattel-Dessert und Fruchtkompotts gestreut oder einfach pur zu einem Tässchen Mokka oder Tee geknuspert.

Sesam in einer trockenen gußeisernen oder beschichteten Pfanne unter Rühren anrösten, bis die Körner anfangen hochzuspringen. Honig unter die Sesamkörner rühren. Die Masse sofort vom Herd nehmen, auf einem großen, flachen Teller dünn ausstreichen und im Kühlschrank fest werden lassen. Nach 1 Stunde ist das Krokant hart und läßt sich in Stücke schneiden.

Zutaten

- 100 g ungeschälte Sesamsamen
- 2 EL Honig

INDIEN

Zu höchster Meisterschaft entwickelt wurde die vegetarische Küche in Indien, einem Land mit jahrtausendealter vegetarischer Tradition. Eine indische Reistafel ist darum auch ein fein abgestimmtes, kreatives Zusammenspiel von bunten Gemüsecurrys, herzhaften Suppen aus Hülsenfrüchten, kräuterwürzigen Joghurt-Salaten, brennend scharfen Chutneys, sättigenden Reisgerichten, saftig süßem Obst und kernigen Nüssen. Sämtliche Geschmacksnuancen sind enthalten und vereinigen sich zu einem genüßlichen Ganzen.

Stilecht werden bei einer indischen Reistafel, einer Thali, sämtliche Gerichte in kleinen Portionsschälchen gleichzeitig serviert, so daß sich jeder Gast nach Belieben seine Speisenfolge selbst zusammenstellen kann. Den Durst stillen kühle Lassies, erfrischende Joghurt-Drinks mit vitaminreichen Früchten, bevorzugt Mango oder Pfirsich, abgeschmeckt mit Honig und oft auch mit Zimt und Kardamom.

Bananen-Limetten-Lassie

Für 3 Gläser (Foto rechts)

Lassies, erfrischende Joghurt-Getränke mit Früchten, Kräutern und Gewürzen, werden in Indien an jeder Straßenecke angeboten. Mit einem Mixstab sind Lassies in wenigen Augenblicken hergestellt und stillen auf gesunde Weise den großen Durst.

Alle Zutaten im Mixer oder mit dem Mixstab pürieren. Lassie mit Eiswürfeln servieren.

Zutaten

- 300 g Joghurt, 300 ml Wasser
- 2 kleine Bananen
- 2 EL Limetten- oder Zitronensaft
- 1 Prise abgeriebene Schale von einer unbehandelten Limette oder Zitrone
- 1 Prise Kardamom
- 1 Prise Muskat, 1 TL Honig

Pfirsichlassie

Für 4 Gläser (Foto rechts)

Statt der Pfirsiche können Sie auch Aprikosen verarbeiten. Zur Unterstreichung des zarten Aprikosenaromas, dann aber noch mit einem Hauch Zimt würzen.

Alle Zutaten im Mixer fein pürieren. Lassie durch ein feines Sieb streichen, mit Eiswürfeln servieren.

Zutaten

- 300 g Pfirsiche, Stücke
- Saft von 5 Orangen
- 300 g Joghurt
- 1 EL Honig
- 1 TL Limetten- oder Zitronensaft

Orangengetränk

Für 4 Gläser (Foto rechts)

Wasser mit Zimt, braunem Zucker, Zitronenschale und Ingwer unter Rühren erhitzen, bis sich der Zucker aufgelöst hat. Die Flüssigkeit kalt stellen. Nach dem Abkühlen durch ein Sieb in eine große Schüssel gießen. Orangen- und Zitronensaft durch ein Sieb gießen, mit dem aromatisierten Wasser vermischen.

Zutaten

- 300 ml Wasser
- 2 Stangen Zimt
- 3 EL brauner Zucker
- abgeriebene Schale von $^1/_2$ Zitrone oder Limette
- 1 TL Ingwer, fein gehackt
- 800 ml Orangensaft, frisch gepreßt
- Saft von 2 Limetten oder Zitronen

Gebratene Curryeier

Für 2 – 4 Personen

Spiegeleier auf indische Art, eingehüllt in eine scharfe Curry-Tomaten-Sauce. Gut dazu Kartoffelraita und Safranpilaw.

Öl in einer Pfanne erhitzen, Zwiebeln 10 Minuten andünsten. Knoblauch, Ingwer und Chili dazugeben, unter Rühren 4 Minuten braten. Lorbeerblätter, Garam Masala und Curcuma hinzufügen, unter Rühren kurz anrösten. Tomaten dazugeben, salzen, in 5 Minuten zu einer dicken Sauce einkochen, ab und zu umrühren. Die Sauce im Mixer oder mit dem Mixstab pürieren und durch ein Sieb streichen.

In einer großen Pfanne Butter schmelzen. Spiegeleier braten, leicht salzen. Spiegeleier aus der Pfanne nehmen, den Pfannenboden mit etwas Sauce bestreichen. Spiegeleier darauf setzen, restliche Sauce auf den Eiern verteilen. (Vorsicht, das Eigelb nicht beschädigen, damit es nicht auseinanderläuft.) Eier zugedeckt 5 Minuten köcheln.

Zutaten

- 3 EL Öl
- 2 Zwiebeln, dünne Scheiben
- 4 Knoblauchzehen, fein gehackt
- 1 TL Ingwer, fein gehackt
- 1 grüne Chilischote, fein gehackt
- 2 Lorbeerblätter
- 1/2 TL Garam Masala oder Currypulver
- 1/4 TL Curcuma
- 3 Tomaten, abgezogen, Würfel
- Salz
- 2 EL Butter
- 4 Eier

Aprikosenchutney

Für 6 – 8 Personen

Eine indische Reistafel:

- *Blumenkohlrose mit Tomatensauce (S. 166)*
- *Spinat und Panir in Currysahne (S. 168)*
- *Aprikosenchutney, Mango-Kokos-Chutney (S. 166)*
- *Kartoffelraita (S. 161)*
- *Reis*

Butter in einem kleinen Topf schmelzen. Zimt, Nelken, Kardamom und Chili unter Rühren kurz anbraten. Die restlichen Zutaten hinzufügen, alles gut vermischen. Chutney zum Kochen bringen, 10 – 15 Minuten köcheln, ab und zu umrühren.

Zutaten

- 1 EL Butter
- 2 Zimtstangen
- 1 Nelke
- Samen aus 3 Kardamomkapseln
- 2 – 4 getrocknete rote Chilischoten
- 500 g reife Aprikosen
- Saft von 1 Orange
- Saft von 1 Zitrone
- abgeriebene Schale von 1/2 unbehandelten Zitrone
- 1/2 EL Ingwer, fein gehackt
- 3 EL brauner Zucker
- 1/2 TL Salz

Tomaten-Gurken-Raita

Für 4 Personen

Raitas, unverzichtbar für ein indisches Essen, werden als Sauce oder Salat gegessen. Erfrischender Joghurt ist die Basis aller Raitas, die sowohl Gemüse und Kräuter als auch Früchte, Nüsse und Gewürze enthalten können. Der Phantasie sind keine Grenzen gesetzt, wenn es gilt Raitas zu erfinden, die neue, oft überraschende Geschmacksvarianten auf den Teller bringen.

Öl in einer kleinen Pfanne erhitzen, Senfkörner unter Rühren kurz anbraten, bis sie anfangen hochzuspringen. Joghurt mit dem heißen Öl und Senfkörnern glattrühren.
Tomaten, Gurken, Chili, Knoblauch und Basilikum untermischen. Raita mit Salz abschmecken. Sofort servieren.

Zutaten

- 1 EL Öl
- 1 TL schwarze Senfkörner
- 400 g Joghurt
- 200 g feste Tomaten, abgezogen, entkernt, Würfel
- 200 g Gurken, kleine Würfel
- 1 grüne Chilischote, fein gehackt
- 1 Knoblauchzehe, fein gehackt
- 2 EL Basilikum, fein geschnitten
- Salz

Kartoffelraita

Für 4 Personen

Dieses herzhafte Raita schmeckt am besten, wenn es einige Stunden im Kühlschrank durchzieht.

Cumin und Koriander in einer trockenen Pfanne kurz unter Rühren anrösten. Joghurt cremig rühren, mit Kartoffeln, Frühlingszwiebeln, Petersilie und Gewürzen vermischen. Mit Salz abschmecken, 2 Stunden im Kühlschrank durchziehen lassen.

Zutaten

- 1/2 TL Cumin
- 1/2 TL Koriander
- 400 g Joghurt
- 200 g gekochte Kartoffeln, sehr kleine Würfel
- 2 Frühlingszwiebeln, feine Ringe
- 2 EL Petersilie oder Koriandergrün, fein gehackt
- Salz

Auberginenraita

Für 4 Personen

Öl in einer Pfanne erhitzen. Auberginenscheiben nacheinander auf beiden Seiten weich braten, leicht salzen, in mundgerechte Stücke schneiden. Cumin in einer Pfanne unter Rühren kurz anrösten. Joghurt mit Auberginen, Zwiebeln und Cumin vermischen, mit Salz abschmecken.

Zutaten

- 4 EL Öl
- 400 g Aubergine, 1 cm dünne Längsscheiben
- Salz
- 1/2 TL Cumin
- 400 g Joghurt
- 2 EL Zwiebeln, fein gehackt

Channadal

Erbsensuppe

Für 4 Personen (Foto rechts)

Dal, eine Suppe aus Hülsenfrüchten, wird bei einer indischen Tafel gemeinsam mit Gemüse- und Reisgerichten, Salaten, Joghurtsaucen und Chutneys aufgetragen.

Erbsen mit 1 l kaltem Wasser, Lorbeerblatt, Muskat und Curcuma zum Kochen bringen. Zugedeckt in ca. 50 Minuten weich kochen. (Im Schnellkochtopf in 20 Minuten.) Lorbeerblatt herausfischen. Die Suppe mit Gemüsebrühwürfeln im Mixer oder mit dem Mixstab fein pürieren, zurück in den Topf geben.
In einer kleinen Pfanne das Ghee oder die Butter erhitzen. Cumin, Koriander und Kardamom kurz unter Rühren anrösten. Knoblauch, Chili, Ingwer, Karotten, Sellerie und Frühlingszwiebeln dazugeben, unter Rühren schnell anbraten. Die Mischung zur Suppe geben, zugedeckt 5 Minuten köcheln. Suppe vom Herd nehmen, Zitronensaft unterrühren, mit Minze garniert servieren.

Zutaten

- 200 g halbierte, gelbe Erbsen
- 1 Lorbeerblatt, 1 Prise Muskat
- 1/2 TL Curcuma
- 2–3 Gemüsebrühwürfel
- 2 EL Ghee oder Butter
- 1/2 TL Cumin
- 1/2 TL Koriander
- 1 Prise Kardamom
- 1 Knoblauchzehe, fein gehackt
- 1 rote Chilischote, fein gehackt
- 1/2 TL Ingwer, fein gehackt
- 2 EL Karotten, sehr kleine Würfel
- 2 EL Stangensellerie, sehr kleine Würfel
- 2 Frühlingszwiebeln, feine Ringe
- abgeriebene Schale von 1/4 unbehandelten Zitrone
- 1 EL Zitronensaft
- 1 EL Minze oder Petersilie, fein gehackt

Karotten-Pfirsich-Raita mit Pistazien

Für 4–6 Personen (Foto rechts)

Für ein festliches Essen genau das Richtige.

Ein Sieb mit einem Küchentuch ausschlagen, über eine Schüssel hängen. Joghurt hineinschütten, zugedeckt 4 Stunden abtropfen lassen.
Pfirsiche kurz in kochendes Wasser legen, abgießen, Haut abziehen, in feine Streifen schneiden.
Abgetropften Joghurt mit Orangensaft, Honig, Zitronenschale, Kardamom und Salz glattrühren. Karotten, Pfirsiche und 2 EL Pistazien untermischen. Mit den restlichen Pistazien das Raita garnieren. Gut gekühlt servieren!

Zutaten

- 600 g Joghurt
- 2 Pfirsiche
- Saft von 1/2 Orange
- 1 TL Honig
- 1 Prise abgeriebene Schale von 1 unbehandelten Zitrone
- 1 Prise Kardamom
- 1 Prise Salz
- 200 g Karotten, fein gerieben
- 3 EL Pistazien, gehackt

Relish

Für 4 Personen (Foto S. 163)

Eine schnell zubereitete, kalte, scharfe Sauce aus rohem Gemüse. Relish paßt zu jedem Essen. Gut gekühlt servieren.

Tomaten, Paprika, Zwiebel, Knoblauch, Chili und Petersilie oder Koriandergrün in eine Schüssel geben, mit Zitronensaft vermischen, mit Salz abschmecken. Relish mindestens 1 Stunde im Kühlschrank durchziehen lassen.

Zutaten

- 200 g Tomaten, abgezogen, sehr kleine Würfel, 1 grüne Paprika, sehr kleine Würfel
- 1/2 Zwiebel, fein gehackt
- 1 Knoblauchzehe, fein gehackt
- 2–3 grüne Chilischoten, fein gehackt, 2 EL Petersilie oder Koriandergrün, fein gehackt
- 2–3 EL Zitronensaft, Salz

Ananas-Mandel-Chutney

Für 6–8 Personen (Foto S. 163)

Ananas, Zucker, Chili, Zimt, Nelke, Kardamom und Wasser in einen kleinen Topf geben, zugedeckt 10 Minuten köcheln. Mandeln hinzufügen. Chutney im geöffneten Topf in 5 Minuten zu einer dicken Sauce einkochen.

Zutaten

- 400 g frische Ananas, kleine Stücke, 2 EL brauner Zucker
- 3 rote Chilischoten, feine Ringe, 1 Zimtstange, 1 Nelke
- 1 gute Prise Kardamom
- 150 ml Wasser
- 100 g Mandelsplitter

Lauch-Zucchini-Curry

Für 2–3 Personen (Foto S. 163)

Öl in einem flachen Topf erhitzen. Knoblauch, Mandeln, Ingwer und Chili kurz unter Rühren anbraten. Lauch und Zucchini hinzufügen, salzen und unter Rühren 4 Minuten anbraten.

Gemüsebrühe mit Garam Masala oder Currypulver, Zitronenschale und mit Crème fraîche verrühren, an das Gemüse gießen. Das Gemüse zugedeckt 4–5 Minuten köcheln, es soll noch einen leichten Biß haben. Gemüse in einer Schüssel anrichten. Mit Petersilie oder Koriandergrün und Zitronenscheiben garnieren.

Zutaten

- 2 EL Öl, 2 Knoblauchzehen, fein gehackt, 2 EL Mandelsplitter, 1 TL Ingwer, fein gehackt, 1 grüne Chilischote, fein gehackt
- 250 g Lauch, längs halbiert, 2 cm breite Streifen
- 250 g Zucchini, 1,5 cm dicke Scheiben, Salz
- 200 ml Gemüsebrühe
- 1–2 TL Garam Masala oder Currypulver, abgeriebene Schale von 1/4 unbehandelten Zitrone, 3 EL Crème fraîche
- 1 EL Petersilie oder Koriandergrün, fein gehackt
- 4 Zitronenscheiben

Kartoffelküchlein

Für 4 Personen (Foto S. 163)
Ein Rezept aus Kaschmir. Dazu Tomaten-Gurken-Raita und Dattel-Rosinen-Chutney reichen.

Kartoffeln in der Schale weich dämpfen, schälen, durch die Kartoffelpresse drücken. Kartoffeln mit 1 ganzen Ei und 1 Eiweiß, Mehl, Zwiebel, Petersilie, Cumin, Paprika und Chili verrühren, mit Salz abschmecken.
Aus der Masse dünne Küchlein formen. Restliches Eigelb verquirlen. Küchlein auf der Oberseite dünn mit Eigelb bestreichen. Reichlich Öl in einer gußeisernen oder nicht haftenden Pfanne erhitzen. Die Küchlein mit der bestrichenen Seite in die Pfanne legen und in 3 Minuten knusprig braun braten.
Die Oberseite der Küchlein mit Eigelb bestreichen und auch die zweite Seite goldbraun braten.
Nicht zu viele Kartoffelküchlein auf einmal in die Pfanne geben. Bei Bedarf noch etwas Öl nachgießen. Fertige Küchlein im Backofen bei 50 Grad warm halten.

Zutaten

- 800 g Kartoffeln
- 2 Eier
- 2 EL Mehl
- 1 Zwiebel, fein gehackt
- 1 Bund Petersilie, fein gehackt
- 1/2 TL Cumin
- 1/2 grüne Paprikaschote, sehr kleine Würfel
- 1 TL Paprikapulver, edelsüß
- 1 rote Chilischote, fein gehackt
- Salz
- Öl zum Braten

Safranpilaw

Für 4 Personen (Foto S. 163)
Damit der strahlend gelbe Safran richtig zur Geltung kommt, wird dieses attraktive Reisgericht mit weißem, duftendem Basmatireis zubereitet.

Tomaten und Gemüsebrühe zum Kochen bringen, mit Muskat, Piment und Lorbeerblatt würzen, die Brühe zugedeckt 5 Minuten köcheln. Brühe durch ein Sieb passieren. Safranfäden in der Tomatenbrühe auflösen.
Ghee in einem flachen Topf mit dickem Boden erhitzen. Cumin, Koriander und Kardamom unter Rühren kurz anrösten. Ingwer, Chili, Paprika und Reis dazugeben, unter Rühren 3 Minuten anbraten. Die Reiskörner sollen glänzend mit Ghee überzogen sein.
Tomatenbrühe dazugießen, das Pilaw zugedeckt 15–20 Minuten köcheln. Falls nötig, noch etwas Gemüsebrühe hinzufügen. Der Reis soll körnig locker sein. Pilaw mit Pistazien garniert servieren.

Zutaten

- 100 g Tomaten, abgezogen, Würfel
- 400 ml Gemüsebrühe
- 1 Prise Muskat
- 1 Prise Piment
- 1 Lorbeerblatt
- 1 kleine Dose Safranfäden
- 2 EL Ghee oder Öl
- 1 TL Cumin
- 1 TL Koriander
- 1 Prise Kardamom
- 1 TL Ingwer, fein gehackt
- 1 grüne Chilischote, fein gehackt
- 1 rote Paprika, kleine Würfel
- 200 g Basmatireis
- 2 EL Pistazien, gehackt

Blumenkohlrose mit Tomatensauce

Für 4 Personen (Foto rechts)

Der ganze Blumenkohl wird über Wasserdampf gegart, mit Tomatensauce und Joghurtsahne übergossen und mit gerösteten Mandelsplittern und Kräutern bestreut. Dazu Reis, Mango-Kokos-Chutney und Auberginen-Raita reichen.

Vom Blumenkohl die großen, grünen Blätter und den herausragenden Strunk entfernen. Die ganze Blumenkohlrose zugedeckt in einem Siebeinsatz über Wasserdampf in ca. 20 Minuten bißfest garen.

In dieser Zeit 2 EL Butter schmelzen, Zwiebel und Karotte unter Rühren 4 Minuten anbraten. Gewürze und Tomaten dazugeben, zugedeckt 10 Minuten köcheln. Die Sauce im Mixer oder mit dem Mixstab fein pürieren, durch ein Sieb streichen.

Restliche Butter in einer kleinen Pfanne erhitzen, Mandeln unter Rühren goldgelb braten. Joghurt und Sahne glattrühren. Blumenkohl auf einer Platte anrichten, zuerst mit Tomatensauce, dann mit Joghurtsahne begießen, mit Mandelsplittern und Petersilie bestreuen.

Zutaten

- 1 mittelgroßer Blumenkohl
- 3 EL Butter
- 1 Zwiebel, fein gehackt
- 1 kleine Karotte, kleine Würfel
- 1/2 TL Cumin
- 1/2 TL Koriander
- 1/4 TL Curcuma
- 1 Prise Zimt
- Salz
- 500 g Tomaten, abgezogen, Stücke
- 30 g Mandelsplitter
- 100 g Joghurt
- 2 EL Sahne
- 1 EL Petersilie, fein gehackt

Mango-Kokos-Chutney

Für 6 – 8 Personen

Frische, fein geriebene Kokosnuß macht dieses schnell und einfach zubereitete Chutney zu einem exotischen Eßerlebnis.

Alle Zutaten für das Chutney gut vermischen. Im Kühlschrank 1 Stunde durchziehen lassen.

Zutaten

- 1 reife Mango, 3 mm große Würfel
- 2 TL frischer Ingwer, fein gerieben
- 2 EL frische Kokosnuß, fein gerieben oder Kokosflocken
- 3 – 4 rote Chilischoten, fein gehackt
- Saft von 1/2 Limette oder Zitrone
- Saft von 1/2 Orange
- abgeriebene Schale von 1/4 unbehandelten Limette oder Zitrone
- 1 TL Honig
- 1 Prise Salz

Spinat und Panir in Currysahne

Für 4 Personen

Eine angenehme Speise, die in Nordindien so beliebt und oft gegessen wird, wie bei uns Spinat mit Spiegelei. Dazu passen Tomaten-Gurken-Raita und Dattel-Rosinen-Chutney.

2 EL Öl und 2 EL Butter in einer gußeisernen oder nicht haftenden Pfanne erhitzen. (In einer Edelstahlpfanne klebt der Käse an.) Panir in ca. 5 Minuten unter vorsichtigem Rühren rundum goldbraun braten. Panir auf Küchenpapier abtropfen lassen.
Restliches Öl und restliche Butter in die Pfanne geben.
Zwiebel, Knoblauch, Chili und Ingwer unter Rühren anbraten.
Abgetropften Spinat mit etwas Salz in einen großen Topf geben. Zugedeckt bei starker Hitze in 2 Minuten leicht zusammenfallen und in einem Sieb kurz abtropfen lassen (Dieser Garvorgang entfällt bei tiefgekühltem Blattspinat.) Spinat in mundgerechte Stücke schneiden.
Spinat, Garam Masala, Panir und Sahne zu der Zwiebelmischung geben, alles vorsichtig vermischen, mit Salz abschmecken, zugedeckt 5 Minuten bei schwacher Hitze köcheln.

Zutaten

- 3 EL Öl
- 3 EL Butter
- 300 g Panir, 1 cm kleine Würfel (S. 171)
- 1 Zwiebel, fein gehackt
- 3 Knoblauchzehen, fein gehackt
- 1 – 2 grüne Chilischoten, fein gehackt
- 1 TL Ingwer, fein gehackt
- 800 g frischer oder 600 g tiefgekühlter Blattspinat
- Salz
- 1 – 2 TL Garam Masala (S. 169)
- 100 ml Sahne

Dattel-Rosinen-Chutney

Für 6 – 8 Personen

Auch Trockenfrüchte mit konzentriertem Fruchtaroma eignen sich für Chutneys. Gekochte Chutneys halten sich gut verschlossen einige Tage im Kühlschrank.

Rosinen und Datteln durch die feine Scheibe des Fleischwolfs drehen und in einem kleinen Topf mit den restlichen Zutaten vermischen. Das Chutney unter Rühren kurz aufkochen.

Zutaten

- 50 g Rosinen
- 150 g getrocknete Datteln
- 1 EL Ingwer, fein gehackt
- 1 Prise Muskat
- 1/2 TL Chilipulver
- 80 ml Wasser
- Saft von 1 Limette oder Zitrone
- Saft von 1/2 Orange
- abgeriebene Schale von 1 unbehandelten Limette oder Zitrone
- 1/2 TL Salz

Grüne Bohnen, Paprika und Karotten in Mandelsauce

Für 4 Personen

Öl in einem flachen Topf erhitzen. Zwiebel darin in 5 Minuten goldgelb braten, Knoblauch, Chili, Koriander, Cumin, Kurkuma, Piment unter Rühren kurz anrösten. Karotten, Paprika und Bohnen dazu geben, mit den Gewürzen vermischen, leicht salzen, unter Rühren kurz anbraten. Tomaten und 300 ml Gemüsebrühe dazugeben, zugedeckt 15 Minuten köcheln. Mandelblättchen mit Crème fraîche und 100 ml Gemüsebrühe im Mixer fein pürieren. Die Mandelsauce an das Gemüse gießen. Noch 10 Minuten zugedeckt bei schwacher Hitze köcheln, ab und zu umrühren. Mit Salz abschmecken, mit Petersilie garniert servieren.

Zutaten

- 2 EL Öl
- 1 Zwiebel, fein gehackt
- 3 Knoblauchzehen
- 1 rote Chilischote, fein gehackt
- 1 TL Koriander
- 1 TL Cumin
- 1 TL Kurkuma
- 1 Prise Piment
- 200 g Karotten, 1/2 cm dünne Scheiben
- 1 rote Paprika, 1 cm breite Streifen
- 300 g grüne Bohnen, 5 cm lange Stücke
- Salz
- 2 Tomaten, abgezogene Stücke
- 400 ml Gemüsebrühe
- 100 g Mandelblättchen
- 2 EL Crème fraîche
- 1 EL Petersilie, fein gehackt

Garam Masala

Indische Gewürzmischung

In Indien wird in jeder Familie oft täglich die eigene, ganz spezielle Gewürzmischung hergestellt. Traditionell werden für Garam Masala die ganzen Gewürze kurz angeröstet und dann im Mörser fein zerstoßen. Wem das zu mühsam ist, der zerkleinert die Gewürze in einer alten Kaffeemühle.
Das folgende Rezept enthält kein Chili. So können Sie bei jedem Gericht die Schärfe neu bestimmen oder auf die Wünsche Ihrer Gäste eingehen.

Die Kardamomkapseln aufbrechen, Samen herausnehmen. Kardamomsamen, Cumin und Koriander in einer trockenen Pfanne kurz unter Rühren anrösten. Die gerösteten Gewürze mahlen. Die Gewürzmischung mit Zimt vermischen. Garam Masala gut verschlossen aufbewahren.

Zutaten

- 1 EL Kardamomkapseln
- 5 EL Cuminsamen
- 5 EL Koriandersamen
- 1/2 EL Zimtpulver

Chenna

Indischer Quark

Für 4 Personen

Die indische Küche mit ihrer uralten vegetarischen Tradition hat eine breites Spektrum an gesäuerten Milchprodukten entwickelt, die vielseitig verarbeitet werden können.
Chenna läßt sich einfach zubereiten und eignet sich für warme und kalte, pikante und süße, gekochte und gebratene Speisen.

Zutaten

- 80 ml Zitronensaft
- 2,5 l Milch

Zitronensaft durch ein Sieb gießen und mit 3 EL Wasser verrühren. Milch in einem großen, hohen Topf bei starker Hitze unter ständigem Rühren zum Kochen bringen. Wenn die Milch anfängt hochzusteigen, die Hitze reduzieren. Zitronenwasser einrühren und 15 Sekunden vorsichtig in einer Richtung rühren. Der Quark flockt nun aus und die Molke setzt sich ab. (Bilden sich keine Quarkflocken, noch etwas Zitronensaft einrühren.) Topf vom Herd nehmen.
Den Topf 10 Minuten stehenlassen, die Quarkflocken setzen sich nun deutlich ab. Ein großes Sieb mit einem Küchentuch ausschlagen. Die großen Quarkflocken mit dem Schaumlöffel in das Sieb heben. Dann behutsam die restlichen Flocken in das Sieb gießen. Damit das Gerinnungsmittel ausgespült wird, 10 Sekunden lauwarmes Wasser über den Quark rinnen lassen. Die Tuchenden zusammenknoten und vorsichtig so viel Molke wie möglich ausdrücken. Das Tuch über einer Schüssel aufhängen (am einfachsten am Türknopf eines Hängeschrankes) und den Quark $1\frac{1}{2}$ Stunden abtropfen lassen.

Chennaküchlein

Für 2 – 3 Personen

Dazu Safranpilaw, Relish und Kartoffelraita reichen.

Zutaten

- 200 g Chenna
- 1 Knoblauchzehe, fein gehackt
- 1 grüne Chilischote, fein gehackt
- 1 TL Minze, fein gehackt
- $\frac{1}{2}$ TL Cumin
- $\frac{1}{2}$ TL Koriander
- Salz, Öl zum Braten

Chenna leicht durchkneten, bis es seine etwas grobkörnige Beschaffenheit verliert und geschmeidig wird. Chenna mit Knoblauch, Chili, Minze, Cumin und Koriander gut vermischen, mit Salz abschmecken. Kleine, flache Küchlein formen. Reichlich Öl in einer Pfanne erhitzen und die Küchlein auf beiden Seiten knusprig braun braten.

Panir und Erbsen in Tomatensauce

Für 4 Personen

Ein Leibgericht aus dem Punjab. Für den Original-Geschmack muß die Tomatensauce mit frischer Minze gewürzt werden. Zu Panir und Erbsen in Tomatensauce schmecken Mango-Kokos-Chutney, Karotten-Pfirsich-Raita mit Pistazien, Reis und Chapatis.
Chapatis, dünne Fladenbrote aus Weizenmehl, werden in Indien zu fast jedem Essen verspeist. Ihre Zubereitung: Wie Mexikanische Tortillas (S. 77), allerdings wird das Öl durch geschmolzene Butter ersetzt.

2 EL Öl und 2 EL Butter in einer gußeisernen oder nicht haftenden Pfanne erhitzen, Panir unter vorsichtigem Rühren in ca. 5 Minuten rundum goldbraun braten, auf Küchenpapier abtropfen lassen.
In einem flachen Topf das restliche Öl und restliche Butter erhitzen. Zwiebeln, Knoblauch, Ingwer und Chili unter Rühren anbraten. Cumin und Koriander dazugeben, kurz anrösten. Tomaten und Paprika hinzufügen, alles gut vermischen, mit Salz würzen, in 10 Minuten zu einer dicken Sauce einkochen, ab und zu umrühren. Die Sauce mit Gemüsebrühe aufgießen, 5 Minuten köcheln.
Sauce im Mixer oder mit dem Mixstab fein pürieren, zurück in den Topf gießen und wieder zum Kochen bringen. Panir und Erbsen hinzufügen, zugedeckt 5 Minuten leicht köcheln, vom Herd nehmen, Minze untermischen.

Zutaten

- 4 EL Öl
- 4 EL Butter
- 200 g Panir, 1 cm kleine Würfel
- 2 Zwiebeln, fein gehackt
- 4 Knoblauchzehen, fein gehackt
- 2 TL Ingwer, fein gehackt
- 1 – 2 grüne Chilischoten, fein gehackt
- 1 TL Cumin
- 1 TL Koriander
- 700 g Tomaten, abgezogen, Würfel
- $^1/_2$ TL Paprikapulver, edelsüß
- Salz
- 200 ml Gemüsebrühe
- 200 g tiefgekühlte Erbsen
- 1 EL Minze, fein gehackt

Panir

Schnittfester indischer Quark

Für 4 Personen

Wird wie Chenna hergestellt. Panir tropft nur länger im Tuch ab und wird dann schnittfest gepreßt.

Zubereitung wie Chenna, jedoch 3 Stunden abtropfen lassen. Panir im Tuch auf ein Brett legen und mit einem wassergefüllten Topf beschweren, 1 – 1 $^1/_2$ Stunden pressen.

Zutaten

- 1 Rezept Chenna (S. 170)

Quarkbällchen auf Mangosauce

Für 4 Personen (Foto links)

Ganz echt wird es, wenn Sie die Quarkbällchen mit hausgemachtem Chenna zubereiten. Für dieses Rezept das Chenna vor der Weiterverarbeitung 4 Minuten glattkneten.

Für die Mangosauce alle Zutaten im Mixer pürieren.
Für die Quarkbällchen Quark oder Chenna, Grieß, Ei, Vanillezucker, Butter, Zimt, Kardamom und Muskat mit dem Handrührgerät zu einer glatten Masse rühren. Reichlich Salzwasser zum Kochen bringen. Mit etwas eingeölten Händen Bällchen mit 2,5 cm Durchmesser formen oder mit 2 Löffeln Klößchen abstechen. Bällchen im leicht kochendem Wasser ca. 8 Minuten ziehenlassen. Mit dem Schaumlöffel aus dem Topf heben, etwas abtropfen lassen.
Mangosauce auf einem großen, flachen Teller verteilen. Die Quarkbällchen auf die Fruchtsauce setzen, mit Pistazien garnieren.

Zutaten

Mangosauce:
- 1 große Mango, Stücke
- Saft von 1 Orange
- 2 EL brauner Zucker
- 1 TL Limetten- oder Zitronensaft

Quarkbällchen:
- 250 g Quark oder Chenna
- 70 g feiner Vollkorngrieß
- 1 Ei
- 2 TL Natur-Vanillezucker
- 1 EL weiche Butter
- 1/4 TL Zimt
- 1 Prise Kardamom
- 1 Prise Muskat
- 1 TL Zucker
- Salz
- 2 EL Pistazien, gehackt

Joghurt-Orangen-Creme

Für 4 Personen

Ein Sieb mit einem Küchentuch ausschlagen, Sieb über eine Schüssel hängen. Joghurt mit Zimt und Kardamom verrühren, in das Sieb gießen, zudecken. Joghurt im Kühlschrank 8 Stunden abtropfen lassen, so daß ein fester Frischkäse entsteht. Braunen Zucker im Orangensaft auflösen. Mit dem Handrührgerät Frischkäse, Orangenschale und Saft zu einer glatten Creme vermischen. Sahne mit Vanillezucker sehr steifschlagen, unter die Creme heben. Joghurt-Orangen-Creme portionsweise in Gläsern anrichten, mit Orangenscheiben und Pistazien garnieren.

Zutaten

- 1 kg Joghurt
- 1/2 TL Zimt
- Samen aus 5 Kardamomkapseln, im Mörser zerstoßen oder eine gute Prise gemahlenes Kardamom
- 2 EL brauner Zucker
- Saft von 1 Orange
- abgeriebene Schale von 1/2 unbehandelten Orange oder Zitrone
- 100 g süße Sahne
- 1 Pck. Natur-Vanillezucker
- 6 dünne Orangenscheiben
- 2 EL Pistazien, gehackt

Register

A

Acht Vitaminschätze 118
Ägyptisches Pfirsichsorbet 152
Alioli 53
Knoblauchmayonnaise
Ananas-Mandel-Chutney 164
Ananasgratin „Merida" 87
Ananaskompott in Kokosmilch 135
Ananastee 118
Aprikosen-Walnuß-Pralinen 153
Aprikosenchutney 160
Arroz en amarillo 53
Safranreis mit Gemüse
Artischockenpfanne 48
Auberginen, Pilze, Tomaten und Spinat 114
Auberginen-Zucchini-Salat mit Kapernsauce 10
Auberginenraita 161
Auberginensalat mit bunter Sauce 124
Avocadosalat „Acapulco" 78
Ayran 145

B

Baba Ghannooj 140
Auberginencreme
Baked beans 66
Gebackene Bohnen
Bananen-Dattel-Dessert 153
Bananen-Limetten-Lassie 158
Bananen-Mango-Cocktail 90
Berenjenas con ajo 45
Pikante Auberginencreme
Blattsalat mit gratiniertem Ziegenkäse 26
Blumenkohl mit Mandel-Knoblauchsauce 44
Blumenkohlrose mit Tomatensauce 166
Brokkoli-Kräuter-Soufflé 35
Bubbling hot Tomatosauce 95
Scharfe Tomatensauce
Buchweizencrêpes 35
Buddhas süßes Geschenk 119

C

Californiashake 58
Champgñones al ajillo 42
Champignons in Knoblauchsahne
Champignons in Zitronencreme 30
Channadal 62
Erbsensuppe
Chenna 170
Indischer Quark
Chennaküchlein 170
Chiligewürzpaste 129
Chilisauce 129
Chow Mein 116
Gebratene Nudeln
Cottagecheese-Pancakes 71
Hüttenkäse-Pfannkuchen
Couscous 146
Cranberry-Orangen-Sauce 60
Preiselbeer-Orangen-Sauce
Curry mit grünem Gemüse 132

D–F

Dattel-Rosinen-Chutney 168
Desajuno mexicano 77
Mexikanisches Frühstück
Dicke Kokosmilch 128
Die Auberginen des Kalifen 148
Empanadas picantes 52
Pikant gefüllte Teigtaschen
Enchilada-Sauce 82
Enchiladas mit Bohnen und Käse 84
Enchiladas mit Pilzen und Frühlingszwiebeln 85
Enchiladas mit Spinat und Schafskäse 84
Ensalada de vitaminas 75
Erdbeersauce 71
Erdnuß-Orangen-Eis 68
Erdnußdip mit Minze 58
Essigzwiebeln 75
Falafel 150
Kichererbsenbällchen
Fatimas Entzücken 155
Aprikosen-Joghurt-Creme
Frijoles 78
Bohneneintopf

G

Garam Masala 169
Indische Gewürzmischung
Gazpacho 8
Kalte Sommersuppe
Gebackene Ananas mit Zimtsahne 103
Gebratene Bananen 101
Gebratene Bananen 135
Gebratene Curryeier 160
Gebratener Gemüsereis mit Spiegelei 132
Geeiste Orangen-Limetten-Suppe 97
Gefüllte Tofutaschen 112
Gefüllte Tomaten mit Pilzen 33
Gegrilltes Gemüse 52
Gemüse „Trinidad" 98
Gemüse in Kokos-Curry-Sahne 131
Gemüse-Couscous 146
Gemüsegumbo 68
Gerösteter Sesam 106
Gnocchi 19
Ricottaklößchen
Goldbraune Tofubällchen 130
Gratinéed Cornmeal Dumplings 95
Maisklößchen mit Käse überbacken
Gratinierter grüner Spargel 18
Grüne Bällchen im gelben See 119
Melonenkugeln in Mandarinengelee
Grüne Bohnen, Paprika und Karotten in Mandelsauce 169
Grüne Quesadillas 80
Grüner Spargel mit Tomaten-Basilikumsauce 28
Guacamole 74
Avocadocreme
Gurkensalat mit Sesam-Joghurt-Dressing 138

H–K

Hafersuppe aus Tijuana 76
Havanna-Cocktail 90
Heidelbeercreme 71
Hidden Strawberries 69
Erdbeeren in Orangengelee
Huevos rancheros 82
Eier auf Gutsherrenart
Humus 140
Kichererbsencreme
Joe's favorit Spaghetti 67
Spaghetti mit Spinat, Tomaten und Schafskäse
Joghurt-Orangen-Creme 173
Kalte Avocadocremesuppe 97
Kalte pikante Tomatensauce 144
Karotten und Sellerie mit Mandarinensauce 114
Karotten-Pfirsich-Raita mit Pistazien 162
Kartoffelküchlein 165
Kartoffelraita 161
Käseterrine „Little Italy" 62
Kokos-Gemüsesuppe 126
Kokoscreme mit Papaya 103
Kokosmilch 128
Kokosreis 101
Kokosreis mit Pfirsichen 87
Kokossuppe „Barbados" 96
Kraut-Gemüsetopf aus den Pyrenäen 47
Kürbis-Käse-Soufflé 98

L–N

Labna 141
Hausgemachter Joghurt-Frischkäse
Lasagne a la verdura 17
Gemüselasagne
Lauch in Gorgonzolacreme 16

Lauch-Zucchini-Curry 164
Libanesische Pizza 149
Limetten-Kokos-Drink mit Minze 92
Limetten-Pfeffer-Sauce 100
Maccaroni mit Pilz-Tomaten-Sugo 16
Mango-Erdnuß-Cocktail 92
Mango-Kokos-Chutney 166
Mango-Kokos-Sorbet 135
Mangocreme 103
Mangold mit Knoblauch 44
Melone au chocolat 39
Melone mit Schokoglasur
Melonen-Dattel-Salat mit Joghurtsahne 152
Melonensalat 75
Melonensalat mit Mascarpone-Orangen-Creme 23
Minestrone 12
Nachos 81
Natillas con uvas 55
Cremespeise mit Trauben
Nudelsuppe mit Tofuklößchen 126
Nudeltopf mit Omelettstreifen 108

O–Q

Omelett mit Tomaten und Käse überbacken 32
Omelett, gefüllt mit Glasnudeln, Pilzen und Sprossen 113
Orangen-Aprikosen-Dip 58
Orangencreme 36
Orangengetränk 158
Pan tomate 42
Geröstetes Knoblauch-Tomaten-Brot
Panir 171
Schnittfester indischer Quark
Panir und Erbsen in Tomatensauce 171
Papas bravas 50
Pikante Kartoffeln
Papayadrink 90
Papayasalat 125
Paprika, Sellerie und Ananas in Kokos-Curry-Creme 129
Paprikacremesuppe 30
Parmigiana di melanzane 23
Überbackene Auberginen
Patatas en salsa rocha 85
Kartoffeln in roter Sauce
Pêches cardinal 39
Pfirsichsalat mit Himbeersauce
Penne all'abruzza 13
Penne bäuerliche Art
Penne veloci 14
Schnelle Penne
Persisches Paprikapilaw 145
Pfannengerührter Gemüsesalat 106
Pfannengerührtes Kraut 133
Pfefferminztee 149
Pfeffertopf mit Kokosmilch 100
Pfirsich-Daiquiri 90
Pfirsichkompott des Großwessirs 153
Pfirsichlassie 158
Picadillo 42
Tomaten-Paprika-Salat
Pikante Mangosauce 130
Pilzcrêpes mit Tomatencreme überbacken 36
Pilze mit Tofuhäubchen 107
Pilze, Paprika und Tomaten 133
Pilzsalat 122
Pisto 50
Sommergemüsetopf
Pizza bonissima 21
Die beste Pizza!
Polenta mit Käse überbacken 18
Potage crème de courge 96
Kürbiscremesuppe
Potaje de garbanzos 47
Kichererbsen-Gemüse-Eintopf
Quarkbällchen auf Mangosauce 173
Quesadillas fundamentales 81
Quesadillas mit Bohnen 80
Quesadillas mit Schafskäse 81

R/S

Ratatouille 33
Provençalischer Gemüsetopf
Reissalat „Puerto Rico" 93
Relish 164
Risotto mit Spargel und Pilzen 20
Roquefortbirne 29
Rot-gelb-grün in süß-saurer Sauce 112
Rote und weiße Bällchen 60
Safranpilaw 165
Salat mit Avocadodressing 92
Salat mit Blue Cheese und Knoblauchcroûtons 59
Salat mit gebratenem Tofu und Ananas 122
Salat mit Käse und Tortillachips 76
Salat Niçoise 28
Nizzasalat
Salat von gegrillten Paprika, Tomaten und Mozzarella 10
Salat von weißen Bohnen 139
Salat „Avignon" 26
Salat „Fit for fun" 60
Salat mit Gemüse, Obst und Nüssen
Salat „Tobago" 94
Salatrollen mit Auberginenfüllung 107
Salsa picante 74
Scharfe Sauce
Sangria 55
Spanische Rotweinbowle
Schafskäsecreme 138
Schafskäsesalat 59
Scharfe Eierblumensuppe 108
Schwarze Bohnen 101
Sesam-Kokosflocken 124
Sesamkrokant 155
Sofrito 51
Sopa de ajo 46
Mallorquinische Knoblauchsuppe
Sorbet de cassis 37
Spaghetti mit Spinat und Pilzen 14
Spanische Spiegeleier 51
Spargelsalat 106
Spinat mit krümelig gebratenem Tofu 125
Spinat und Panir in Currysahne 168
Spinat-Mango-Salat 94
Spinatomelett 32
Spinatquiche 34
Spinatsalat mit Joghurt 138
Spinatsuppe „Kairo" 142
Submarine 64
Das Riesensandwich
Suppe, die den Appetit weckt 109
Süß-saure Sauce 116
Süß-saures Gemüse mit Ananas 131
Syrischer Gemüsetopf 142

T–Z

Tabbouleh 139
Bulgursalat
Tagliatelle mit Brokkoli und Gorgonzola 13
Taratoorsauce 150
Sesamsauce
The original Tofuburger 63
Toast „Frisco" 64
Tofuspießchen 128
Tomaten-Gurken-Raita 161
Tomatenbouillon 67
Tomatensauce mit Kräutern 19
Tomatensuppe mit Basilikumcreme 12
Tortilla de berenjenas 45
Auberginentortilla
Tortilla de verduras 46
Gemüsetortilla
Tortillachips 74
Tortillas aus Weizen 77
Türkische Joghurtsuppe 141
Überbackene Pfirsiche mit Creme Hawaii 69
Überbackene Zucchini mit Sofrito 51
Vanille-Blitzcreme 87
Vanillesoufflé 37
Vichyssoise 66
Kalte Kartoffel-Lauch-Suppe
Vier-Gemüse-Pfanne 109
Walnuß-Pilz-Pastete 62
Wein-Soja-Sauce 110
Westindische Gemüsesuppe 93
Wirsing-Tofu-Päckchen aus dem Dampf 110
Ziegenkäsetoast mit Basilikumsauce 63
Zucchini gefüllt mit Spinat und Schafskäse 144
Zucchiniküchlein 148
Zuckererbsen und Spargel 113
Zwiebelsuppe 29